中文图书编目
与著录规则研究

赵 淼 著

吉林文史出版社

图书在版编目（CIP）数据

中文图书编目与著录规则研究 / 赵淼著. — 长春：
吉林文史出版社，2024.5
ISBN 978-7-5752-0206-0

Ⅰ．①中… Ⅱ．①赵… Ⅲ．①中文图书－图书编目－
著录规则－研究 Ⅳ．①G254.3

中国国家版本馆 CIP 数据核字（2024）第 091921 号

中文图书编目与著录规则研究
ZHONGWEN TUSHU BIANMU YU ZHULU GUIZE YANJIU

出 版 人　张　强
著　者　赵　淼
责任编辑　杨　卓
出版发行　吉林文史出版社
地　　址　长春市福祉大路 5788 号
邮　　编　130117
电　　话　0431-81629364
印　　刷　武汉鑫佳捷印务有限公司
开　　本　710mm×1000mm　　1/16
印　　张　12.25
字　　数　206 千字
版　　次　2024 年 5 月第 1 版
印　　次　2024 年 5 月第 1 次印刷
书　　号　ISBN 978-7-5752-0206-0
定　　价　68.00 元

前言

随着信息时代的来临，图书馆、档案馆等知识管理机构的使命更加重要，而编目与著录作为信息组织与检索的基石，其在文献管理中的地位愈发凸显。《中文图书编目与著录规则》一书的面世，旨在系统、全面地介绍中文图书的编目与著录原理、规则及实际应用，以期为从事图书情报工作的从业人员、相关专业学生提供一份实用而权威的指南。

本书分为三个部分，涵盖了编目概论、中文图书著录规则、文献编目实例分析及说明，每一部分都经过精心设计，旨在帮助读者逐步深入理解和掌握编目著录领域的核心知识和技能。

在概论部分，我们回顾了编目的发展历程，探讨了新时代对编目工作的新要求。通过对编目概念与意义的深入剖析，读者将能够建立起对这一领域的全面认识，同时了解数字时代对编目工作提出的新挑战。这一部分旨在为读者提供对编目工作整体框架的把握，使其能够从更宏观的角度理解编目的价值和作用。

第二部分深入研究了中文图书著录规则，包括依据、通则、术语及名字段标识等方面的详尽解读。通过对规则基础的系统介绍，我们致力于帮助读者建立起对规则体系的完整认识，并强调规则在实际著录中的具体应用。这一部分的目标是使读者能够准确理解著录规则的要求，确保其在实际工作中能够规范、高效地完成著录任务。

最后一部分则通过实例分析的方式，将理论知识与实际应用相结合，为读者提供更加具体、实用的指导。通过对典型文献编目实例的详细解读，我们希望读者能够更深刻地理解著录规则的实际运用，并在面对各种文献类型时能够灵活运用所学知识。

　　编写本书的初衷是希望能够为图书情报工作者和相关专业学生提供一本权威且实用的参考书籍，使他们能够更好地应对信息时代的挑战，提高图书情报工作的质量与效率。我们希望读者在阅读本书的过程中能够获得知识的启发、经验的分享，并能够在实际工作中取得更好的成绩。最后，我们真诚地感谢所有为本书提供支持与帮助的人们，愿本书能够成为中文图书编目与著录领域的一份有益的指南。

目录

第一部分　概　论

第二部分　中文图书著录规则

第三部分　文献编目实例分析及说明

第一部分

概　论

第一章　编目的概念与意义

第一节　编目的定义与范围

一、编目的基本概念

编目，作为图书馆学和情报学领域的重要概念，是信息组织与管理的核心环节之一。其基本概念围绕着对文献资源进行有序、规范的描述，旨在建立文献与读者之间、文献与文献之间的关联。在信息时代，编目不仅仅局限于传统纸质文献，还包括数字文献、多媒体文献等多种形式，为信息组织与检索提供了更广泛的应用场景。

（一）编目的学科性质

1.跨学科融合

编目作为一门学科，融合了多个学科领域，其中以图书馆学和情报学为主要支柱。这种跨学科的融合使得编目不仅具备图书馆学的管理理念和技术手段，还汲取了情报学在数字环境下信息组织、分析和传播方面的理论支持，从而形成了一门既有理论指导又有实践指导的综合学科。

在图书馆学领域，编目扮演着建立图书馆文献资源有序框架的重要角色。这一角色使得图书馆得以高效管理和利用其馆藏文献资源。图书馆学的管理理念为编目提供了丰富的方法论支持，包括了馆藏的分类、整理、管理等方面的理念，使得编目工作更加有系统性和组织性。图书馆学的技术手段，如目录编制、分类标引等，为编目提供了具体的操作方法，使得编目更加高效和规范。

与此同时，情报学的理论支持为编目提供了在数字环境下更为有效地组织、分析和传播信息的理念。情报学注重信息的组织与管理，强调对信息资源的深度挖掘和广度分析。编目通过汲取情报学的理论，使得对文献资源的描述更具深度，同时通过主题分析等手段，实现对信息的广度把握。情报学的信息组织方法和技术在编目实践中得以广泛应用，尤其在数字化时代，情报学对于处理大规模、多样性的信息资源具有重要指导意义。

整体而言，跨学科融合使得编目更具有综合性、科学性和实用性。通过图书馆学和情报学的交叉，编目在信息组织与检索领域中不断取得新的进展。这种综合学科的特质为编目工作者提供了更为广阔的视野，也为信息组织与检索领域的发展注入了新的活力。

2.信息组织与可访问性

编目作为一门学科，其学科性质在信息组织和可访问性方面得到了充分的体现，为用户提供了有序的信息框架，使得信息易于被检索和利用。

编目的学科性质首先体现在对文献资源的有序描述。通过对文献进行著录、标引、分类等处理，编目建立了文献的结构化框架。这一有序的描述不仅仅是对文献表面信息的记录，更包括了对文献内在内容的把握。通过著录规则的指导，编目为文献赋予了丰富的描述元素，如标识符、题名、责任者、主题等，使得每一篇文献都具备了独特的标识符，用户可以通过这些标识符准确地找到所需信息。

在这个有序的信息框架中，编目还通过主题分析的手段为文献资源提供了更多的关联点。通过深度挖掘文献的主题，编目不仅使文献之间的关联更为明显，也提高了用户在检索中的精准性。而广度上的主题分析则使得用户能够更全面地获取相关信息，进一步拓展了可访问性的范围。

信息组织与可访问性的关键在于编目为用户提供了多样化的检索途径。通过对文献的关键信息进行有序、系统的记录，编目实现了对文献资源的分类整理。这种分类使得用户可以根据自身需求，通过浏览相应分类，找到与其研究或学习相关的文献资源。同时，编目还通过标引的手段，将文献与具体的主题、关键词等相联系，为用户提供了更为细致的检索途径。这使得用户在信息检索中可以通过多种角度、多个层次来获取所需信息，提高了信息的利用效率。

值得注意的是，在数字化时代，信息组织与可访问性的问题愈加突出。编目工作也面临着数字资源、多媒体资源等多样性资源的处理挑战。然而，正是在这个时代背景下，编目更需要灵活应对，通过融入新的信息组织理念和技术手段，不断提升信息的有序性和可访问性。

（二）编目的意义与功能

1. 准确、全面地描述

编目的首要任务在于为读者提供文献资源的准确且全面的描述，通过对文献的标识、题名、责任者、出版发行等信息进行系统记录，以确保每一份文献都具备一个唯一的标识。标识的重要性在于为文献赋予了唯一性，同时为读者提供了方便快捷的定位途径，从而显著提高了检索效率。全面描述的必要性则确保文献资源的所有重要信息都得到了详尽著录，为读者提供更为深入和全面的了解。

标识作为编目的基础工作之一，为文献资源赋予了独特的标志，从而在大量信息中快速找到所需内容。这不仅使文献具有唯一性，也为读者提供了迅速而精准的检索途径。标识的重要性不仅在于对每一篇文献的差异化处理，更体现在整个检索过程中，使得读者可以轻松地定位到特定的信息资源。因此，标识的设定和管理成为编目工作中的关键环节，保障了整个信息体系的有序性和可操作性。

全面描述作为另一项核心工作，确保了文献资源的信息著录更为详尽。这不仅包括了文献的基本属性如题名、责任者、出版发行等，还扩展到了文献的内容、主题等更深层次的方面。全面描述的必要性在于为读者提供更为全面、深入的了解，使其能够在初步检索的基础上更深入地了解文献的内涵。这种深度和广度的描述有助于满足读者多样化的信息需求，尤其是对于专业研究和学术探讨，全面描述更显得至关重要。

在数字化时代，标识与全面描述的工作不仅仅是对传统纸质文献的要求，更涵盖了数字文献、多媒体文献等各种形式的信息资源。对于这些不同类型的文献，标识与全面描述的原则和方法也需要不断创新和调整，以适应信息环境的不断演变。同时，全面描述也需要考虑到信息资源的多样性和复杂性，以确保著录的全面性不受形式的限制。

2. 为检索提供途径

编目不仅仅是对文献进行著录和描述，更是为用户提供了丰富而多样的检索途径，从而显著提高了信息的利用效率。其中，主题分析作为编目的重要手段，为检索提供了更灵活、更全面的方式，使用户能够更加深入地获取相关信息。

编目的多样化检索途径体现在对文献资源的全方位处理上。通过对文献的标识、题名、责任者、主题等信息进行系统著录，编目为用户提供了多个入口点，使其可以根据个体需求灵活选择检索途径。这种多途径的设计有助于满足用户多样化的信息需求，不仅可以通过作者姓名、文献题名等直观信息进行检索，还可以通过更深层次的主题信息进行精准检索，使用户能够更方便地获取所需信息。

其中，主题分析作为一种关键的编目手段，为检索提供了更灵活的方式。通过对文献主题进行深入挖掘和分析，编目为用户提供了更为抽象而广泛的检索入口。这使得用户不仅可以通过具体的关键词和主题词进行检索，更能够通过主题分析的结果发现潜在的相关主题，从而打破了传统检索方式的限制。主题分析使得用户能够在检索过程中更自由地选择检索关键词，更全面地了解文献资源的主题内容，提高了检索的灵活性和深度。

在数字化时代，编目的检索途径也在不断创新和拓展。随着信息资源的不断增多和多样化，编目工作者需要不断更新和完善检索手段，以适应不同类型、不同形式的文献资源。这可能涉及新的检索工具、新的标引方式等方面的创新，以确保用户在信息检索中有更为丰富、高效的体验。

（三）编目的理论基础

1.著录规则的制定与应用

著录规则的制定与应用在编目工作中扮演着至关重要的角色，为编目提供了统一的描述规范，确保了著录的规范性和一致性。这一理论基础为编目工作奠定了坚实的基础，使得著录在处理各类文献时能够有章可循，更好地适应不同类型文献的特点。

著录规则的基本原则明确了对不同类型文献的著录要求。这包括但不限于标识符、题名、责任者、出版发行等信息的著录规定。通过这些基本原则，著录规则确保了文献的关键信息都得到了系统和有序的记录。例如，对于图书、期刊、音像资料等不同类型的文献，著录规则都提供了相应的规范，明确了著录的重点和方式，使得著录工作能够有的放矢、高效有序。

著录规则的灵活运用使得实际编目工作更为符合实际情况。在实际编目过程中，文献种类繁多，形式各异，因此需要根据文献的具体特征灵活运用著录规则。这体现在对特殊类型文献或非常规情况的处理上，例如数字化资源、多媒体文献等。著录规则的灵活性使得编目工作者能够根据实际需要进行判断和处理，确保著录工作既符合标准规范，又能应对文献的多样性。

著录规则的不断更新与完善也是其在实际应用中的重要特征。随着信息环境和技术的不断演变，新型文献的出现和使用方式的变化，著录规则需要不断调整和更新以适应这些变化。这反映在著录规则的修订和版本升级上，使得其始终具备对当代信息环境的适应性。

2.主题分析、分类与标引的应用

主题分析、分类与标引是编目工作的核心环节，同时也构成了其理论基础的重要组成部分。

主题分析在编目中发挥着深度与广度的作用。通过深度主题分析，编目使文献的主题信息得以更为清晰的表达，这不仅有助于用户在检索中更准确地定位所需信息，也提高了检索的精准性。深度主题分析通过对文献内容的深层次挖掘，将文献的主题信息呈现得更加细致和详尽。与此同时，广度主题分析则促使不同主题之间的关联更为明显，使得用户在检索中不仅能获取所需信息，还能发现相关主题，进一步拓展了检索的广度。

分类与标引的合理运用为编目提供了系统的组织结构，使文献得以分类存放，并通过标引为用户提供了更多的检索途径。分类的运用使文献按照主题或内容进行有序整理，为图书馆馆藏提供了清晰的组织结构，方便读者在特定领域中查找所需资料。标引的作用则在于为文献赋予关键词、主题词等标识符，使得用户可以通过这些标引信息更便捷地进行检索。分类与标引的协同作用不仅提高了文献资源的整体管理效率，也为用户提供了更为多元、灵活的检索方式。

在数字时代，知识组织的理论逐渐融入编目实践。通过对知识组织理论的借鉴，编目在处理大规模、多样性的信息资源时更具效益。知识组织理论强调信息的有序组织与管理，通过对信息的分类、标引、主题分析等手段，使得信息能够在更为复杂的环境中被更好地组织起来，提高了知识的可访问性。编目工作借鉴知识组织理论，使得其在数字时代更好地应对信息多样性和复杂性的挑战，为用户提供更为优质的信息服务。

二、编目的业务范围

编目作为一项系统的业务活动，其业务范围涵盖多个方面，从文献著录与描述到数字化时代的编目，均涉及广泛的信息资源处理与管理。

（一）文献著录与描述

1.标识与唯一性（标识符的重要性）

在编目工作中，标识与唯一性的确立扮演着至关重要的角色，是编目的核心业务之一。编目的首要任务是为文献资源提供准确而全面的描述，而标识符的重要性在这一任务中愈发显著。

标识符不仅仅是文献的一个符号，更是文献具有唯一性的象征。每一篇文献都被赋予一个独特的标识符，这种唯一性确保了文献在整个信息环境中的独立身份。这唯一标识的分配使得文献不会被混淆或重复，为信息组织与管理提供了坚实的基础。

标识符的设立便于读者快速定位所需的信息资源，从而提高了检索效率。当读者通过标识符进行检索时，能够直接定位到目标文献，避免了烦琐的检索过程。这不仅节省了读者的时间，也提升了用户体验，使得信息获取更为迅速而便捷。

2. 全面描述的必要性

全面描述的必要性在编目工作中具有重要而深远的影响，它不仅关乎着文献资源的全面展示，更直接关系到读者对信息的深刻理解和充分利用。

全面描述的核心目标在于确保文献资源的所有重要信息都被著录，从而为读者提供更为详尽的了解。这一过程包括对文献的标识、题名、责任者、出版发行等各个方面的信息进行系统性记录。标识符的设立保证了文献的唯一性，而题名则展示了文献的主要内容，责任者则反映了文献创作者的身份，出版发行信息则提供了文献的来源和时效性。这些信息的全面描述使得读者能够在第一时间获取到文献的基本信息，为其决定是否进一步深入阅读提供了参考。

通过全面描述，文献资源的信息也更容易被用户检索和利用。当读者通过检索系统寻找特定主题或作者的文献时，全面的描述信息能够确保检索结果的准确性和全面性。而对于那些需要多角度了解某一主题的读者来说，全面描述提供了更多的参考点，使得信息获取更为全面和深入。

（二）主题分析与分类

1. 深度主题分析与检索精准性

深度主题分析是编目工作中的一项关键任务，其在提高文献信息检索精准性方面发挥着至关重要的作用。通过深入挖掘文献内容的主题信息，编目在呈现文献全貌的同时，使得用户在检索时能够更准确地获取所需信息。

在编目的过程中，深度主题分析的核心目标是使文献的主题信息更为清晰地表达。这意味着不仅要关注文献表面上的主题，还需要深入挖掘其中的隐含信息，捕捉文献所涵盖的更深层次、更为精细的主题要素。通过对文献内容进行仔细审读和理解，编目员能够更好地把握文献所涉及的学科领域、研究方向、问题解决方法等方面的主题信息。

这种深度主题分析的实现，不仅仅是对文献的简单分类或关键词提取，更是对文献内容的深层次解读和理解。编目员需要具备对多领域知识的广泛了解，以确保对文献主题的深度把握。这样的深度分析能够使得编目的结果更为全面和准确，为用户提供更为精细的信息检索途径。

通过深度主题分析，文献的主题信息呈现得更加细致和详尽。这对于用户的信息需求来说至关重要，尤其是那些需要深入了解某一领域或解决特定问题的用户。深度主题分析的结果不仅使得文献的检索精准性得到提高，同时也为用户提供了更为深入、全面的学术资源，推动了信息检索服务的质量与深度。在数字化时代，深度主题分析更是面对多媒体、跨学科等新形式文献时提出了更高的要求，需要适应多样化的信息资源，从而更好地服务于用户的信息需求。

2. 广度主题分析与关联性

广度主题分析在编目工作中具有重要意义，它通过突显不同主题之间的关联性，为信息检索提供了更为广泛的视野和更多的检索途径。这种方法的运用不仅丰富了用户获取信息的途径，还提升了检索的全面性。

在编目过程中，广度主题分析的核心目标是通过挖掘文献中涉及的多个主题，使得这些主题之间的关联更为明显。相比于深度主题分析，广度主题分析注重跨学科、多领域的关联，以拓展检索的广度。编目员在进行广度主题分析时，需要考虑文献中可能涵盖的各个方面的主题，从而使得检索结果更加全面。

通过广度主题分析，用户不仅能获取到所需信息，还能发现与之相关的其他主题。这种关联性的呈现使得用户在信息检索过程中具有更多的发现性，能够获取到那些在一开始未必意识到的相关主题。这对于那些对某一领域感兴趣、但不确定具体主题的用户来说尤为重要，因为他们能够在检索过程中发现更多相关的信息，从而更全面地了解所研究的领域。

（三）著作权与知识责任

在编目工作中，著作权与知识责任是两个至关重要的方面，它们既关乎法律合规，又直接关系到文献信息的质量和用户获取信息的可信度。

1. 著作权法的适用与处理

编目员在进行工作时必须充分了解著作权法的相关规定，以确保对文献的著作权进行合理的识别与处理。这包括但不限于对文献著作者、版权持有者的权利识别，以及对不同类型文献可能存在的版权问题的认知。编目员需要明确著作权法的适用范围，特别是在数字时代，涉及数字资源、网络出版等新形式文献时，对法律的理解更显重要。在编目的过程中，需要遵循版权法的规定，合法使用文献信息，确保编目工作的合法性。此外，对于公有领域内的文献，编目员也需明确其版权状态，以便在著录过程中正确反映。

2.知识责任的履行

编目员在履行知识责任方面同样承担着重要的角色。知识责任涵盖了对文献内容的准确性、真实性的评估，体现在对文献的审慎处理上。在编目的过程中，需要对文献的内容进行仔细阅读和理解，确保所提供的信息是可信、客观、准确的。这涉及对文献中所陈述事实的核实，对数据和统计的准确性的审查等方面。知识责任还要求编目员对文献内容进行全面了解，以确保不会出现信息片面或误导的情况。此外，对于不同学科领域的文献，编目员需要具备跨学科的知识背景，以更好地理解和评估文献内容的专业性。

第二节　编目的发展历程及现状

一、传统编目与手工编目

（一）传统编目的概念与特点

1.传统编目的定义

在纸质文献时代，传统编目是图书馆在处理纸质图书时采用的一种手工方式，通过人工进行著录和分类的过程。这一时期，图书馆工作者需要具备丰富的图书馆学知识和熟练的手工技能，以确保对图书馆藏品的准确而有序地管理。传统编目的实施依赖于人们对图书馆学规范和分类体系的理解，以及对图书著录规则的熟悉程度。

在传统编目中，图书馆员通过仔细阅读每一本纸质图书，提取其中的关键信息，如书名、作者、出版社、出版日期等，并将这些信息按照一定的规范记录下来。随后，图书馆员会根据图书的主题内容将其分类，将其置于特定的书架上，以便读者能够更轻松地找到他们所需的信息资源。这一过程不仅需要对图书馆学理论的深刻理解，还需要图书馆员具备高度的细致入微的工作态度，确保每一本图书都得到了正确而全面的著录。

传统编目的实施对图书馆来说是一项庞大而烦琐的工作，但也是确保馆藏有序、易于利用的关键步骤。通过手工编目，图书馆能够建立起一套完整而规范的文献著录体系，为读者提供准确的图书信息，促进知识的传递与共享。传统编目的实践也为图书馆学的研究提供了宝贵的经验，推动了图书馆管理理论的不断完善。

然而，随着信息技术的迅猛发展，传统编目逐渐被自动化的图书馆信息管理系统所取代。这种变革使图书馆能够更高效地处理日益庞大的馆藏，提升服务质量，并加速知识的传播。尽管传统编目在数字化时代面临着挑战，但其在图书馆学发展历程中的重要作用依然值得我们深入思考，以更好地理解图书馆信息管理的演变过程。

2.编目工作流程

编目工作作为图书馆信息管理的核心环节，其流程主要包括阅读文献、手工填写目录卡片、进行分类和标引等关键步骤。这一传统的编目流程在纸质文献时代发挥了重要作用，为图书馆提供了有序而系统的馆藏管理手段。

首先，编目员通过仔细阅读文献，深入理解其中的内容和主题。在这个阶段，他们需要关注书名、作者、出版社、出版日期等关键信息。这要求编目员具备扎实的图书馆学知识，以便准确识别文献的要素。通过仔细的阅读，编目员能够确定文献的核心内容，为后续的分类和标引提供基础。

随后，编目员将所获得的信息手工填写在目录卡片上。这一步骤要求编目员具备高度的细致入微的工作态度，确保每一个细节都得到准确记录。目录卡片的填写包括书名、责任者、出版社、出版日期等关键信息的整理和规范化，从而建立起一套完整而规范的文献著录体系。

分类是编目流程中的另一重要环节。编目员根据文献的主题内容，将其划分到特定的分类体系中。这一过程不仅要求编目员对不同主题的分类规则有深刻的理解，还需要他们在馆藏的整体架构中将文献有序地安置在特定的书架上。分类的准确性直接影响到读者后续的检索体验，因此编目员的专业素养在这一阶段显得尤为关键。

标引是编目流程的最后一步，也是确保馆藏文献便于检索的关键。编目员根据文献的内容为其添加标引词，以建立起一个丰富而精准的检索词汇。这一过程需要编目员对文献的内容有深刻理解，同时要考虑到读者可能使用的多样化的检索词。标引的质量直接关系到读者检索到所需信息的效率和准确性。

3.依赖人工的特点

传统编目的显著特点在于其高度依赖人工操作，这使得图书馆编目员必须具备丰富的图书馆学基础知识、熟悉各种分类体系和标准规范。在这一手工方式下，编目员通过深入阅读每一篇文献，精准提取关键信息，并将其填写在目录卡片上，确保每一本图书都能够得到个性化而详细的著录。这个过程不仅需要对图书馆学理论的深刻理解，还需要编目员具备高度的专业技能，确保著录的准确性和完整性。

手工编目的个性化特点体现在每一份文献的独立处理上。编目员能够根据文献的具体内容和主题进行灵活而细致的著录，使得馆藏文献在目录中呈现出更为翔实和具体的信息。这种个性化处理有助于读者更准确地找到所需的文献资源，提升了图书馆服务的精细度和质量。

然而，与个性化相对应的是传统编目的效率低和成本高的问题。手工编目需要较长的处理时间，且需要大量的人力投入。编目员不仅要熟悉分类体系，还需要对图书馆馆藏的广泛领域有深刻的了解，以确保对各种文献的正确处理。这种人工操作不可避免地引入了潜在的错误和不一致性，可能导致著录的不准确或不完整。同时，大量的人工投入也意味着较高的运营成本，包括薪资、培训以及长时间的人力投入。

尽管手工编目存在一系列的挑战和问题，但其在传统图书馆体系中的应用也反映了一种深度的专业化和知识化。编目员通过手工编目的方式，深度参与到每一本书的著录过程中，使得他们对馆藏的深刻理解成为可能。这种人工的专业参与，使得图书馆的馆藏管理更具有人文关怀和知识传承的特色，使得每一本书都得到了个性化的对待，而非仅仅是信息的冷冰冰记录。

（二）手工编目的特点与挑战

1. 高人工成本

高人工成本是手工编目不可忽视的一个突出特征。在传统编目过程中，编目员需要投入大量的时间和精力，进行手工填写目录卡片、分类和标引等烦琐的操作。这种人工操作显著地增加了图书馆资源管理的成本，不仅包括薪资开支，还涉及培训和维护人员的长期投入。

手工填写目录卡片是编目工作中的一项重要任务，需要编目员逐一阅读文献，提取关键信息并将其准确记录。这个过程不仅需要耗费时间，还需要编目员具备高度的专业素养，以确保每一篇文献都得到准确而全面的著录。由于手工填写的性质，可能存在人为错误和不一致性，增加了后续馆藏管理的难度和成本。

分类和标引也是手工编目中耗费人工成本的关键步骤。编目员需要根据文献的主题内容将其分类，并为其添加适当的标引词汇，以便读者能够更容易地检索到所需信息。这涉及对不同领域的深刻理解和对分类规则的准确应用。由于手工操作的特性，可能存在主观判断和分类不一致的情况，增加了后续检索的复杂性，同时也增加了管理和维护的成本。

在大规模的图书馆资源管理中，高人工成本不仅表现在编目员的数量上，还反映在对其培训的投入上。编目员需要具备丰富的图书馆学知识，熟悉各种分类体系和标准规范，这需要长期的专业培训和经验积累。培训和维护高水平的编目团队不仅需要投入资金，还需要耗费时间，因为培训是一个长周期的过程。

2. 资源有限与效率挑战

手工编目在资源有限的情况下面临着严峻的挑战，尤其是在应对图书馆资源快速增长的背景下。资源有限主要体现在编目员的数量、培训和维护成本上。由于手工编目需要大量的人工操作，图书馆在编目员数量上的投入不可避免地受到资源限制的制约。这导致了编目团队规模的相对有限，难以满足图书馆日益增长的馆藏需求。在面对庞大而复杂的馆藏时，资源有限成为手工编目无法忽视的一个局限性。

手工编目的效率低下也是一个制约其应对资源增长的重要挑战。随着信息爆炸的时代来临，图书馆面临着大量电子文献和数字资源的涌入，这使得编目工作的规模和复杂度大幅度增加。手工编目需要编目员逐一阅读文献，手动填写目录卡片、进行分类和标引等烦琐操作，这不仅耗费时间，而且效率难以适应快速增长的资源需求。图书馆在处理庞大的文献量时，手工编目所面临的工作量和时间成本愈发明显，这不仅限制了资源的高效利用，也使得部分文献难以及时纳入馆藏。

在资源有限的情况下，手工编目难以应对信息管理的多样性和复杂性。图书馆所面临的资源不仅包括传统的纸质图书，还包括各种电子文献、网络资源等形式多样的信息载体。手工编目对于这些多样化的资源管理面临着适应性不足的问题，因为其操作方式主要设计用于传统的纸质文献。这导致了图书馆在整合和统一管理不同形式资源时遇到了更多的困难，使得资源的有限利用程度降低。

3. 面临错误风险

手工编目的复杂性使其面临着错误风险，这是由于其操作过程中涉及多个环节和人为判断的特性所致。编目员在进行阅读文献、填写目录卡片、分类和标引等任务时，很容易因为主观判断、知识疏漏或疲劳等原因而产生各种错误。这些错误主要包括标引不准确和分类错误，而这些问题可能对读者的检索体验产生负面影响。

标引的不准确性是手工编目中常见的问题之一。编目员在有限的时间内需要理解文献的内容，并为其选择适当的标引词汇，以便读者通过这些词汇能够准确地检索到相关文献。然而，由于文献内容的多样性和主观判断的介入，编目员的标引选择可能不够准确或全面。这导致了一些文献无法被正确检索，从而降低了图书馆信息资源的可访问性和利用价值。

分类错误是另一方面的问题，因为编目员需要将文献根据其主题内容划分到特定的分类体系中。然而，由于分类标准的复杂性、文献内容的多样性，以及编目员的主观理解，分类错误可能在手工编目中频繁发生。将文献放置在错误的类别下可能导致混乱和不一致性，给读者查找特定主题的文献带来困扰。

手工编目中的错误不仅受到个体因素的影响，还受到工作环境和操作过程的复杂性的制约。编目员在长时间的工作中可能感到疲劳，导致注意力下降和精细工作能力减弱，增加错误发生的概率。同时，对于大规模的馆藏，编目员需要处理大量的文献，这也增加了操作的复杂性，使得错误难以避免。

4. 面对信息爆炸的挑战

在当今信息爆炸的时代，手工编目面临巨大的挑战，难以跟上文献信息的迅猛增长，导致一些重要的文献难以及时纳入图书馆的馆藏。信息爆炸是由科技进步、数字化和网络化带来的大量信息涌入的现象，这使得传统的手工编目方式在处理庞大而不断增长的文献量时显得力不从心。

手工编目的工作方式注定了其处理文献速度较慢，需要编目员仔细阅读每一篇文献，填写目录卡片，进行分类和标引。在信息爆炸时代，大量的电子文献、数字资源以及网络内容不断涌现，这使得手工编目难以满足图书馆资源管理的迫切需求。编目员的数量和操作速度无法与信息增长的速度相匹配，导致很多重要的文献不能及时被纳入馆藏，从而影响到图书馆的信息服务水平。

随着信息技术的飞速发展，自动化的编目系统逐渐成为解决这一问题的有效途径。自动编目系统能够通过算法和计算机处理大量文献，实现更高效的著录、分类和标引，提高了编目的速度和准确性。这使得图书馆能够更好地应对信息爆炸时代的挑战，及时纳入各类新的文献资源，为读者提供更全面的信息服务。

然而，需要认识到自动编目系统也并非完全免疫错误的。尽管其能够提高工作效率，但在处理特定领域、跨学科或特殊主题的文献时，仍然可能出现一些准确性和完整性的问题。因此，手工编目在数字化时代仍然保持一定的价值，特别是在对于复杂、专业性强的领域，编目员的专业判断和深度理解仍然是不可替代的。

二、数字化时代的编目变革

（一）数字化时代的兴起

1.定义与背景

数字化时代的崛起标志着信息技术迅猛发展，深刻影响了图书馆编目工作，同时为这一领域带来了新的挑战和机遇。这一时代的兴起主要得益于计算机技术的飞速发展，使得图书馆能够迅速适应信息数字化的趋势。在过去，图书馆主要依赖手工方式对纸质文献进行编目和管理，而随着计算机技术的广泛应用，数字化时代为图书馆带来了全新的编目方式。

数字化时代的核心特征之一是数字图书馆的兴起。通过将纸质文献进行数字化，图书馆可以更好地保存、管理和传播信息资源。这一转变不仅仅是简单的技术更新，更是对信息组织和访问方式的根本性改变。数字图书馆的建设使得图书馆资源能够以数字形式呈现，用户可以通过网络随时随地访问这些资源，从而推动了信息服务的便捷性和可及性。

计算机技术在数字化时代的运用，特别是自动化编目系统的崭露头角，使得图书馆编目工作发生了革命性的变化。过去依赖于手工方式的编目工作，如今得以通过计算机实现自动著录、分类和标引等工作。这一技术的引入不仅提高了编目的效率，还减轻了编目员的负担，使得图书馆更好地适应了数字时代的信息管理需求。

知识图谱和语义编目等新兴技术的应用，更是数字化时代编目方式变革的重要方面。知识图谱通过图形化的方式呈现知识的关系，为文献关联性的表达提供了新的手段。语义编目则深度理解文献内容，将知识以语义化的方式融入编目过程，使得编目结果更具智能和用户导向性。这一阶段的发展进一步扩展了编目的范畴，使得编目不再仅仅是对文献进行简单的著录和分类，而更具有智能化和语义化的特点。

开放数据和共享编目成为数字化时代的趋势，推动了图书馆资源管理的全球化和多元化。共享编目数据使得不同图书馆之间能够更好地协作，提高了整个图书馆界资源管理的效率和水平。这种趋势对信息的全球性合作和共享提出了新的要求，使得图书馆能够更广泛地获取和利用全球范围内的知识资源，推动了图书馆服务的全球化和多元化。

2. 数字图书馆与资源可及性

数字图书馆的兴起标志着图书馆资源在数字环境中得以数字化保存和广泛传播。这一趋势极大地扩展了图书馆馆藏的可及性，使用户通过网络能够方便地远程访问丰富的信息资源。数字图书馆在改变了传统的图书馆服务方式的同时，也为编目方式带来了全新的挑战和机遇。

传统的图书馆服务依赖于用户到馆内进行实体书籍的查找和借阅。然而，随着数字图书馆的兴起，用户不再受限于地理位置，通过互联网，他们能够在任何时间、任何地点访问数字化的图书馆资源。这使得馆藏的可及性不再局限于物理空间，而是变得更为灵活和广泛。

数字化时代的信息传播速度和范围大大超出了传统手工编目的能力。纸质文献的传统编目方式对于处理大量、高频的信息更新显得力不从心。数字图书馆的兴起为解决这一问题提供了有效手段。通过数字化保存和在线传播，图书馆可以更迅速地更新和发布新的信息资源，保持馆藏内容的时效性和丰富性。

然而，这一变革也对传统的编目方式提出了新的挑战。数字图书馆中的文献资源多样化、数量庞大，需要更灵活、高效的编目方式来适应这一变化。传统的手工编目显然无法胜任这一任务，因此，自动化编目系统的应用变得尤为重要。自动化编目系统能够通过计算机技术实现对文献的自动著录、分类和标引，提高了编目的效率，同时减轻了编目员的负担。

另一方面，数字图书馆的兴起也推动了知识图谱和语义编目等智能化技术的应用。知识图谱通过图形化的方式呈现知识的关系，提高了文献关联性的表达效果。语义编目则通过深度理解文献内容，使得编目结果更具智能和用户导向性。这使得编目不再仅仅是对文献进行简单的著录和分类，而更具有智能化和语义化的特点。

（二）自动化编目系统的崭露头角

1. 技术革新与编目效率

在数字化时代，自动化编目系统崭露头角，彰显了技术革新在图书馆编目领域的重要性。计算机技术在编目流程中的广泛应用标志着传统手工编目方式的转变，实现了对文献的自动著录、分类、标引等工作，为整个编目过程注入了高度的技术智能。这一技术的出现不仅显著提高了编目的效率，还减轻了编目员的负担，为图书馆信息管理带来了深刻的变革。

自动化编目系统的核心创新在于其能够利用计算机技术实现对大量文献的自动处理。通过采用先进的算法和模型，系统能够快速而准确地提取文献中的关键信息，进行智能化的分类和标引。这相较于传统手工编目的方式，不仅提高了编目的速度，更提高了准确性，使得编目结果更加可靠和精确。

自动化编目系统的引入对编目效率产生了显著影响，特别是在面对数字化时代中信息爆炸式增长的挑战时。传统手工编目方式在处理数量庞大且快速更新的文献时显得力不从心，而自动化系统的应用能够更好地适应这一挑战。它们能够迅速处理大规模的文献数据，使得图书馆更好地满足用户对信息的需求。

此外，自动化编目系统的灵活性也值得关注。这些系统能够适应不同类型的文献，根据文献的特征灵活运用著录规则，保证编目的规范性和一致性。这种灵活性使得自动化编目系统更为适应数字化时代信息资源多样性和快速更新的特点，为图书馆提供了更灵活、高效的信息管理方式。

然而，尽管自动化编目系统在提高效率方面表现出色，但在某些情况下，人工的干预和判断仍然是必要的。特殊或复杂的文献资源可能需要人工处理，以确保编目结果的准确性和完整性。因此，自动化编目系统与人工编目的结合成为一种相对理想的模式，充分发挥了两者的优势。

2.智能化与高效性

自动化编目系统的智能化与高效性是数字化时代图书馆编目工作的重要特征。通过采用先进的算法和模型，这些系统能够快速而准确地提取文献中的关键信息，并进行智能化的分类和标引。这一技术的应用极大地提高了编目的速度，使得图书馆更好地适应数字时代的信息管理需求。

在智能化方面，自动化编目系统能够利用先进的自然语言处理技术，对文献内容进行深度理解。通过分析词汇、语法结构等，系统能够准确抽取文献的主题和关键信息，实现智能的主题分析。这不仅使得编目结果更为精准，也提高了用户对特定主题信息的检索效果。智能化的分类和标引进一步强化了系统的信息处理能力，使得文献能够以更为智能、有层次的方式组织和呈现。

在高效性方面，自动化编目系统的运用带来了显著的效率提升。相较于传统的手工编目方式，自动化系统能够在极短的时间内处理大规模的文献数据，实现快速而准确的编目。这对于图书馆来说，意味着更高工作效率和更迅速的信息服务响应能力。高效的编目系统不仅满足了用户对信息的即时性需求，也缓解了编目员面临的大量文献资源管理的艰巨任务。

值得注意的是，自动化编目系统的高效性不仅体现在速度上，更表现在对大规模、多样化信息资源的处理能力上。这些系统具备灵活的著录规则应用能力，可以适应各种类型的文献，保障编目的规范性和一致性。这种高效性使得图书馆能够更好地管理和组织数字时代大规模信息资源，提供更全面、高效的信息服务。

（三）知识图谱与语义编目的应用

1. 知识图谱的关联性

知识图谱的引入对编目工作产生了深远的影响，为信息的关联性提供了更为丰富的表达方式。通过构建文献之间的关系网络，知识图谱不仅有助于更好地理解文献之间的内在联系，而且显著提高了信息的表达和发现效果，为用户提供更智能化、全面性的信息服务。

知识图谱通过图形化的方式呈现了文献之间的关系，使得这些关系更为清晰可见。这种图谱的构建不仅考虑了文献的直接关联，还能深入挖掘潜在的间接关系，形成一个更为复杂、多层次的信息网络。这种图形化的关系呈现有助于编目工作更全面地理解和记录文献之间的相关性，使得用户在检索时能够更全面地获取相关信息，提高了信息发现的效率。

知识图谱的建立加深了对文献主题的深度理解。通过分析文献的内容和关系，系统能够更准确地抽取文献的主题信息，从而实现更为智能和精准的主题分类。这种深度理解使得编目结果更加贴近用户的实际需求，提高了用户对特定主题信息的检索效果。知识图谱在关联性的呈现上注重深度分析，为编目工作提供了更为智能、用户导向的方式。

知识图谱还强调了文献之间的多元关系，不仅包括主题上的关联，还包括作者、出版社、时间等多个维度上的关系。这种全方位的关系呈现有助于用户更全面地了解一个主题或领域，实现对信息的全面性把握。知识图谱的引入使得编目不再仅仅是对文献进行简单的著录和分类，而更具有智能化和语义化的特点，推动了信息组织的多维度发展。

2. 语义编目的用户导向性

语义编目作为一项关键的技术手段，致力于在编目过程中深度理解文献的内容，并将知识以语义化的方式融入其中。通过分析词汇、语法结构等多层次的语义信息，语义编目不仅使得编目结果更为智能，而且更具用户导向性，更贴近用户的实际需求。

语义编目通过深度理解文献的内容，实现对主题的准确抽取。通过对文献中词汇、短语和语法结构的深入解析，系统能够更全面地理解文献的主旨，抽取其中的关键主题信息。这种深度理解使得编目结果更为准确，有助于用户更快速、精准地找到所需的信息。语义编目在主题抽取上注重用户需求，强调提供符合用户期望的主题关键词，从而更好地满足用户的检索需求。

语义编目强调上下文的理解，实现对文献内在关联性的深刻挖掘。通过分析语境信息，包括上下文的语法结构、逻辑关系等，语义编目能够更全面地理解文献之间的内在联系。这种关联性的挖掘使得编目结果更为丰富，不仅提供了用户所需信息，还能为用户呈现相关的、可能感兴趣的附加信息，提升了用户体验。

语义编目注重对词汇和短语的多义性处理，以确保编目结果的准确性。通过深入分析词汇的多层含义，语义编目能够更好地辨别上下文中词语的实际语义，避免歧义的产生。这种多义性的处理不仅提高了编目的质量，也使得用户在检索时更容易理解文献的真实含义，增强了检索结果的可信度。

（四）开放数据与共享编目的趋势

1. 共享编目数据与资源协作

在数字化时代，开放数据和共享编目成为图书馆界的主要趋势，为资源管理带来了全新的变革。图书馆通过共享编目数据促进了资源的互通和利用，从而实现了资源的共享和开放。这一趋势不仅推动了图书馆界资源管理的全球化，还加强了多元化的资源协作。

共享编目数据为不同图书馆提供了更为广泛的资源获取途径。通过共享编目数据，不同图书馆能够互相分享彼此的著录信息，使得各馆的资源变得更加容易被他馆访问。这种协作模式有效地弥补了传统资源管理中的信息孤岛问题，使得各图书馆能够更广泛地获取和利用全球范围内的知识资源。共享编目数据的推动加强了图书馆之间的协作，实现了资源的更加普遍和全面的利用。

同时，开放数据和共享编目推动了图书馆资源管理的全球化。随着信息的全球化和数字化，图书馆界越来越意识到合作与共享的重要性。共享编目数据使得各个图书馆能够在全球范围内共同构建丰富的资源网络，充分发挥各图书馆的特长，从而提升整体服务水平。这种全球性的资源管理方式促使图书馆在数字时代更好地适应全球信息化的趋势，为用户提供更加丰富和多元化的服务。

此外，共享编目数据的趋势还推动了多元化的资源协作。不同图书馆之间通过共享编目数据，能够实现更深层次的资源协同。这种协作不仅包括了著录信息的分享，还有关于数字资源、学科知识、服务经验等方面的合作。多元化的资源协作使得图书馆能够更好地满足不同用户群体的需求，提供更加个性化、定制化的服务。

2. 全球合作与信息共享

在数字化时代，开放数据和共享编目作为信息领域的重要趋势，通过将编目数据开放，不同图书馆之间实现了著录信息的共享，有力地解决了资源管理中的信息孤岛问题。这一全球性的合作模式为图书馆带来了更广泛的获取和利用全球范围内知识资源的机会，推动了图书馆服务的全球化和多元化。

共享编目数据的开放性为各个图书馆提供了更广泛的著录信息资源。通过互相分享著录信息，图书馆能够充分了解其他馆藏的丰富性，避免了信息在单一馆内封闭的局面。这种信息的双向流动使得图书馆之间的合作更为平等，加强了合作伙伴之间的互动，形成了全球性的合作网络。不同图书馆通过共享编目数据，可以更好地了解彼此的馆藏情况，从而更有针对性地进行资源开发和共享。

全球性的合作模式还催生了跨国的开放数据倡议，通过国际标准和协作平台促进图书馆间信息的互通。这一趋势使得各图书馆之间能够更加高效地协作，提高整体服务水平。同时，用户也能够在不同图书馆之间享受到更为一致和全面的服务，无论身处何地，都能够获取到所需的信息资源，实现了全球范围内的知识共享。

开放数据和共享编目也推动了数字图书馆的发展。数字图书馆作为信息资源的数字化保存与传播的平台，通过开放数据和共享编目，使得用户能够通过网络远程访问丰富的信息资源，不再受制于地理位置和时间限制。数字图书馆的兴起标志着图书馆服务方式的转变，更加注重用户的便利性和全球性。

第三节　新时代对编目的要求

一、知识社会的崛起

（一）知识组织的新范式

1. 知识社会的背景与挑战

知识社会的崛起标志着社会结构、发展模式和价值体系的深刻变革。在这个新的时代背景下，编目工作不再仅仅是对信息进行简单的记录和组织，而是更注重如何将碎片化的信息有机地整合成具有意义的知识体系。这一变革使得编目员在工作中既面临着巨大的机遇，又面对一系列挑战。

知识社会的崛起为编目员提供了前所未有的机遇。编目不再局限于传统的元数据著录，而是需要更深入地理解文献背后的知识结构和关联关系。这要求编目员不仅具备图书馆学等传统领域的知识，还需要具备跨学科的综合素养，以更好地理解和呈现知识的多样性和复杂性。知识社会的背景下，编目员有机会更加积极地参与知识的创新、整合和传播，成为知识社会中不可或缺的重要角色。

随着知识社会的崛起，编目员也面临一系列挑战。首要的挑战是信息的快速增长和碎片化。在这个信息爆炸的时代，编目员需要面对海量的文献信息，包括来自不同领域、不同媒体的多样化数据。如何有效地对这些信息进行编目，构建起有机的知识结构，成为亟待解决的难题。传统的手工编目方式显然难以满足这种快速增长和碎片化的需求，因此需要更加智能、高效的编目工具和系统的支持。

知识社会的背景下，编目员需要更强调知识的共享和协同工作。传统的编目工作主要以个体为中心，编目员在相对独立的环境中进行工作。然而，在知识社会中，知识的共享和协同成为推动社会进步的关键。编目员需要更积极地与其他领域的专业人士、学者和研究者协作，共同构建起跨学科的知识网络。这就要求编目员具备更强的团队合作和沟通能力，能够在多元化的知识环境中协同工作，推动知识的集体创新。

知识社会的发展还对编目员的学科知识和信息组织能力提出更高要求。编目员不仅需要熟悉传统的分类体系和标准规范，还需要更深入地理解各学科领域的专业知识。这涉及对不同学科的术语、理论和方法的深刻理解，以便更准确地进行著录和分类。知识社会的背景下，编目员要求具备更广泛的信息组织能力，能够在多学科的知识体系中游刃有余，为用户提供更丰富、多维度的检索服务。

2.知识组织的要求与技能

在知识社会的新范式下，编目员面临着更高层次的知识组织要求，这不仅需要他们熟练掌握传统的编目技能，更需要深入了解知识管理、本体论等相关领域的知识。这种深度的知识组织技能成为适应新时代知识组织新范式的核心。

编目员需要具备深入了解知识管理的能力。知识管理涉及知识的创建、获取、组织、传播和应用等方面。编目员需要了解知识管理的理论框架、最佳实践和工具，以更好地理解知识的生命周期，有效地进行知识组织和传播。这也包括对知识管理系统的熟练应用，使得编目员能够将其知识组织工作与先进的知识管理方法相结合，实现知识的高效利用。

编目员需要深入了解本体论。本体是描述概念及概念之间关系的框架，用于构建共享的概念体系，是知识组织的基础。编目员应当熟悉本体的基本理论，了解本体在知识组织中的应用，以构建更为精准和高效的知识体系。这也包括对本体编辑工具的熟练运用，以支持知识体系的设计和维护。

对于知识图谱的构建也成为编目员必备的专业技能。知识图谱是一种用于表示实体及其关系的图形化结构，能够提供更直观、全面的知识关联信息。编目员需要具备知识图谱的设计和构建能力，能够将文献信息以图谱的形式表达出来，使得知识的关联性更为清晰。这需要编目员在知识图谱建模和图谱编辑工具的应用上有一定的专业素养。

对知识领域的深入理解成为编目员适应新范式的重要一环。他们需要不仅了解传统的学科分类体系，还要关注学科的新进展、前沿理论和实践，以更好地适应知识组织工作中的新需求。这也包括对跨学科领域的关注，使编目员能够构建起更为综合和多元的知识结构。

3.知识组织的创新思维

在知识组织的新范式下，创新思维成为编目员适应新时代需求的关键要素。创新思维要求编目员能够突破传统的著录和分类方式，思考如何更有效地将文献信息组织成具有关联性和实用性的知识体系，以应对知识社会的复杂性和多样性。

编目员需要在学科领域的理解上展现创新思维。传统的编目工作主要侧重于熟悉学科分类体系和标准规范，但在新范式下，编目员需要超越传统的学科边界，深入了解不同学科领域的前沿理论、新兴概念和跨学科研究趋势。通过对多学科领域的广泛了解，编目员能够更灵活地运用知识组织的方法，构建起更为综合和跨学科的知识体系。

创新思维还要求编目员对知识关联性有着敏感的洞察力。在知识社会中，信息的关联性变得越来越重要，用户更加关注文献之间的关系以及知识的整体结构。编目员需要通过创新思维，发现文献之间可能存在的潜在关联，构建起更为丰富和有深度的知识关系网络。这可能涉及对知识图谱、语义关联等新技术的积极应用，以提升知识的关联性表达。

编目员的创新思维还需要体现在对信息组织方式的重新思考上。传统的编目方式主要注重于元数据的著录和分类，而新时代对知识的组织要求更为灵活、智能。编目员需要思考如何通过引入新技术、新工具，创新文献组织的方式，以更好地适应知识社会的需求。这可能包括对自动化编目系统、大数据分析工具等的创新应用，以提高编目的效率和精准度。

（二）知识图谱与语义编目的整合

1. 知识图谱的引入与应用

知识图谱的引入与应用在新时代对编目工作提出了全新的挑战和机遇。知识图谱是一种通过构建实体之间关系的图形结构，使得知识能够更为直观、丰富的表达和呈现的技术。在知识社会的新范式下，编目员需要学会运用知识图谱技术，将传统的文献信息转化为更具有关联性和深度的知识体系。

知识图谱的引入对于文献信息的关联性提供了新的视角。传统编目主要通过分类和标引等手段对文献进行著录，而知识图谱则通过对实体和实体关系的建模，使得文献之间的关系更加直观和全面。编目员需要学会识别文献之间的关联关系，将其映射到知识图谱中，实现文献信息的更为细致和深入的表达。

知识图谱的应用能够提升文献的检索效果。通过构建知识图谱，编目员可以更好地理解文献之间的关联性，为用户提供更为精准的检索服务。知识图谱的智能搜索能够帮助用户更轻松地获取相关领域的知识，提升了检索体验的质量。编目员需要善于利用知识图谱的特性，设计更智能、用户友好的检索系统。

知识图谱的应用还为跨学科领域的文献整合提供了新的可能性。在知识社会中，跨学科研究日益成为趋势，而知识图谱的建模方式能够更好地适应多学科知识的整合。编目员需要通过对不同学科领域的关联性进行深入思考，将跨学科文献融入统一的知识图谱中，促进不同领域的知识交流与整合。

最后，知识图谱的引入促进了编目工作的智能化和自动化。通过结合知识图谱和人工智能技术，编目员能够更高效地进行文献著录、分类和标引等工作，减轻了工作负担。同时，知识图谱的智能分析也为编目员提供了更全面的知识背景，使其在编目过程中能够更好地理解文献内容，提高编目的准确性。

2. 语义编目的深层次理解

语义编目作为知识组织领域的重要实践，着眼于文献内容的深层次理解，旨在强调文献的主题、含义等方面的全面把握。这一方法要求编目员不仅仅了解文献的表面信息，更需要对其中隐含的知识有更深入的理解。通过运用自然语言处理、机器学习等前沿技术，语义编目为编目员提供了更全面、准确的文献分析工具，使得文献信息的语义信息得以深入挖掘和表达。

　　语义编目的核心在于对文献主题的深入理解。传统的编目主要注重于文献的主题词汇和分类号的分配，但这往往只是对文献表面信息的概括。相较之下，语义编目通过深层次的自然语言处理技术，能够更好地捕捉文献中所隐含的主题，理解文献内容的内在逻辑和关联关系，为用户提供更准确、贴近需求的主题信息。

　　语义编目强调对文献含义的全面把握。文献除了表面的词汇和主题外，还蕴含着丰富的含义和观点。语义编目通过对文本的深层次分析，能够更好地理解作者的意图、文献的贡献，从而使得编目结果更具有深度和丰富度。这有助于提升用户在检索过程中对文献的理解，满足其更高层次的信息需求。

　　语义编目运用机器学习等技术，实现对大规模文献的智能化处理。通过建立模型，让计算机能够学习文献中的语义信息，语义编目不仅提高了编目效率，还减轻了编目员的工作负担。这种智能化的处理方式使得大规模文献的语义编目成为可能，更好地适应了信息时代大量文献的处理需求。

　　3. 技术与人文的结合

　　整合知识图谱和语义编目技术的过程不仅仅是一项技术问题，更是技术与人文的有机结合。在这一过程中，编目员既需要具备对先进技术的深刻理解，又需注重挖掘文献背后的人文内涵。这种技术与人文的结合为编目工作注入了更多创造性和深度，体现了知识组织领域的综合性和复杂性。

　　技术与人文的结合要求编目员具备对技术的深刻理解。知识图谱和语义编目技术作为先进的信息处理手段，需要编目员具备对其基本原理和应用方法的了解。这不仅包括对计算机科学、自然语言处理等技术领域的知识，还需要了解知识图谱的构建、语义分析的算法等专业技术，以更好地运用这些技术工具进行编目工作。

　　技术与人文的结合强调了对文献背后人文内涵的挖掘。编目员需要具备对文献的深刻理解和人文背景的敏感性，以便更好地理解文献内容中蕴含的文化、历史、社会等方面的信息。这种深度的人文理解有助于更好地选择适当的知识图谱构建方式和语义编目策略，使得技术工具更好地服务于文献的全面理解和表达。

　　技术与人文的结合还促使了编目员在工作中更注重创造性。面对复杂多样的文献内容，编目员需要在运用技术手段的同时，发挥创造性思维，将技术工具与文献特点相结合，使得编目结果更具有深度、独创性。这种创造性的工作方式能够推动知识组织领域的发展，为文献信息的全面呈现提供更多可能性。

二、用户需求多样化

（一）个性化服务的需求

1. 多样化主题需求

新时代用户对信息的需求正呈现出越来越多样化的趋势，其中之一是对广泛主题的需求。为了满足这一趋势，编目员需要更深入地了解用户的兴趣广泛性，以确保图书馆的文献资源能够得到个性化的编目和呈现，以适应用户对多样主题的追求。

了解用户兴趣广泛性成为关键。传统编目工作可能更侧重于文献的学科分类和专业性，但新时代用户的需求更加广泛和多样化。编目员需要深入了解用户的兴趣范围，包括但不限于学科专业、兴趣爱好、文化背景等。这样的了解将有助于个性化编目，使得各种主题的文献都能够在编目过程中得到充分的关注，满足用户的多元需求。

实现广泛主题文献的个性化编目是一个具有挑战性的任务。编目员需要拥有跨学科的知识视野，能够理解并编目涉及多个领域的文献。这要求编目员具备更全面的学科知识，能够跨足多个学科领域，以确保广泛主题的文献都能够得到适当的编目，使其更好地融入图书馆的资源体系中。

个性化编目还需要借助先进的技术手段。知识图谱和语义编目技术的应用能够帮助编目员更好地理解文献的主题和内容，实现更细致、全面地编目工作。这种技术的应用将大大提高广泛主题文献的编目效率和准确性，使其更好地适应多元用户的需求。

2. 深度专业性的追求

在满足用户需求的多样性方面，深度专业性的追求是另一个不可忽视的方向。一些用户可能对某一领域的文献有着深刻的兴趣，他们需要更专业、深度的编目服务来满足其对特定领域知识的深入探索。在这一背景下，编目员的专业性和深度知识成为提供高质量编目服务的关键。

编目员应具备对各个领域的专业知识。这包括但不限于学科细分、领域专业术语、学科发展动态等。通过深入学科的了解，编目员能够更好地理解文献内容，准确把握其中的专业性信息，为用户提供更深度的服务。这要求编目员具备广泛的学科知识，能够涵盖图书馆馆藏中各种学科领域的文献。

深度专业性的追求需要编目员在特定领域具备深厚的专业背景。对于某些高度专业化的领域，编目员需要具备相关学科的深入研究经验，以确保对文献的准确编目和深度理解。这可能需要与领域专家、学者建立紧密的合作关系，以获得更专业、权威的信息。

深度专业性的编目服务需要注重个性化需求。编目员应当灵活运用知识图谱和语义编目等技术手段，为用户提供符合其专业兴趣的个性化编目服务。这涉及对用户需求的细致了解和对特定领域知识的深度挖掘，以确保编目结果更好地满足用户的深度专业性需求。

3. 用户群体认知

编目员在新时代的知识组织工作中，需要深入了解不同用户群体的认知特点，这包括他们的兴趣、信息获取习惯、专业背景等多方面因素。通过建立对用户群体的认知模型，编目员可以更全面地把握用户的个性化需求，为其提供更有针对性的编目服务。

对用户兴趣的深入了解是关键。不同用户群体对于图书馆资源的兴趣存在差异，这可能涉及学科领域、主题关键词、文化背景等方面。编目员需要通过调研和用户反馈建立兴趣模型，以更好地理解用户对信息的偏好，为其提供更符合兴趣的编目服务。这有助于提高用户对图书馆资源的满意度，促进知识的更好传递。

了解用户的信息获取习惯对于提高编目服务效果至关重要。不同用户可能有不同的信息获取途径和偏好，有的偏向于在线搜索，有的更喜欢浏览图书目录。编目员需要了解这些习惯，调整编目方式，使得信息更容易被用户获取。通过了解用户的信息行为，建立相应的认知模型，编目员可以更好地指导自己的工作，提高服务的实用性和可访问性。

用户的专业背景也是影响其对文献需求的重要因素。不同专业领域的用户可能对文献的需求有着不同的深度和广度。编目员需要建立起对不同专业背景用户的认知，以便更好地调整编目策略，提供更符合专业需求的服务。这种专业化的认知模型将有助于更好地满足用户的深度专业性需求。

建立用户群体认知模型是编目员更好地适应新时代知识组织要求的重要步骤。通过深入了解用户的兴趣、信息获取习惯和专业背景，编目员能够更灵活、更有针对性地进行编目工作，提供更符合用户需求的服务，推动图书馆知识服务不断优化。这种用户导向的认知模型不仅有助于提高编目服务质量，也为图书馆资源更有效地服务于社会大众提供了指导方向。

（二）用户体验的优化

1.从记录到体验的转变

在新时代，编目的本质已经发生了深刻的变化，不再仅仅是对文献信息的简单记录，而是更加注重为用户提供优质的检索体验。这一变革标志着从"记录"到"体验"的重大转变，使得编目员需要重新审视其工作，并将用户的需求和期望融入编目工作的核心。

这种转变意味着编目员需要更加积极地关注用户的需求。传统编目更注重文献的著录和分类，而新时代的编目要求编目员更加关注用户的检索需求。编目员需要了解不同用户群体的习惯和偏好，以便更好地调整编目策略，使得用户在检索信息时更加得心应手。这种用户需求导向的转变将编目从单纯的技术性工作转变为更富有人文关怀的服务。

编目员需要考虑用户在检索和获取信息过程中的舒适度与效率。这包括了编目结果的呈现形式、检索界面的友好性、搜索速度等因素。编目员在工作中应当思考如何通过更科学的编目方式来提高用户的检索效率，并通过更人性化的服务方式提升用户的使用体验。这种从单向的记录转向双向的用户体验的变革，使得编目不再是冰冷的数据处理，而是更贴近用户需求的服务工作。

编目结果的质量不再仅仅衡量于准确性，还需考虑用户满意度。用户满意度包括了对检索结果的满意度、对编目服务的满意度等多个方面。编目员需要更注重细节，提高编目的精准度，同时要关注用户的反馈，积极改进工作方法，以适应不断变化的用户需求。这一用户体验的质量标准将编目服务提升到更高的层次。

从"记录"到"体验"的转变，使得编目员的工作更贴近用户、更加注重服务体验。这一新时代的要求，要求编目员具备更丰富的人文关怀，更高效的工作方式，以更好地服务于用户，推动图书馆信息组织工作不断发展与创新。这种从记录到体验的变革将编目工作置于更广阔的服务领域，为图书馆的社会职能注入了更多的人文关怀和社会责任。

2.用户反馈的关注

为了不断优化用户体验，编目员需要时刻保持对用户反馈的密切关注。用户反馈是一种宝贵的信息源，它不仅可以揭示用户对编目服务的满意度，还能为改进编目工作提供有益的方向。在新时代，建立有效的用户反馈机制是推动编目工作不断进步的关键。

编目员可以通过定期的用户调查来获取用户的意见和建议。这种调查可以包括编目结果的满意度、对检索系统的评价、对编目员服务的反馈等多个方面。通过问卷、在线调查等方式，编目员能够更全面地了解用户的感受和期望，为制定改进策略提供数据支持。

进行用户访谈是获取深层次反馈的有效手段。通过直接与用户进行交流，编目员可以深入了解用户在使用编目服务过程中的真实体验，捕捉到用户可能未能通过调查表达的细节和需求。访谈可以是个别深度访谈，也可以是小组座谈，以确保获得多样性的反馈。

借助社交媒体等互动平台也是获取用户反馈的途径之一。编目员可以在图书馆的社交媒体平台上设立专门的反馈通道，鼓励用户提出问题、分享意见。这种开放的交流方式有助于建立更直接、实时的联系，加强编目员与用户之间的沟通。

通过收集和分析用户反馈，编目员可以更准确地把握用户需求，并及时做出改进。这不仅有助于提高编目结果的质量，还能增强用户对图书馆服务的信任感和满意度。因此，建立一个有效的用户反馈机制，使用户参与到编目工作的改进中，将对图书馆的服务质量产生积极而深远的影响。这种关注用户反馈的做法符合图书馆服务的用户中心理念，是提升编目工作质量的必要举措。

3. 多渠道的信息获取途径

在优化用户体验的过程中，编目员应当关注用户获取信息的多渠道需求，确保编目结果在不同设备和平台上以用户友好的方式呈现。这一考虑涉及多方面的因素，包括设备兼容性、平台适应性以及信息呈现的灵活性。

编目员需要考虑用户使用不同类型的设备，如个人电脑、平板电脑、智能手机等。不同设备具有不同的屏幕尺寸、分辨率和操作方式，因此编目结果的呈现形式需要具备良好的响应性和适应性。通过采用响应式设计等技术手段，编目员可以确保在不同设备上都能够提供一致且良好的用户体验。

考虑到用户可能在不同的平台上进行信息检索，编目员需要确保编目结果能够适应不同平台的特点。例如，一些用户可能在图书馆的在线目录系统中检索信息，而另一些用户可能通过图书馆的移动应用或社交媒体平台进行检索。编目员需要根据不同平台的特性，调整信息呈现的方式，以确保用户能够方便、快捷地获取所需信息。

信息呈现的灵活性也是关键因素。编目员应当考虑用户的个性化需求，提供多样化的信息呈现方式。例如，除了传统的文本形式，还可以考虑采用图表、图片、视频等形式呈现编目结果，以满足用户对多样化信息的需求。

通过综合考虑设备兼容性、平台适应性和信息呈现的灵活性，编目员可以更好地满足用户在多渠道上的信息获取需求，提升用户体验的全面性。这种关注多渠道信息获取途径的做法将有助于适应信息化时代用户的多元化需求，使编目结果更贴近用户的实际使用情境，提高图书馆服务的质量和可用性。

第二部分
中文图书著录规则

第二章 著录规则的基础

第一节 依据著录规则的法规与标准

一、法规对著录规则的指导

（一）图书馆法规的明确指导

1.法规背景

在我国，图书馆法规为著录规则的建立与实施提供了明确的法律指导。图书馆法规是我国图书馆事业的基本法规，其中详细规定了各级图书馆的职责、任务和服务标准。这一法规体系旨在推动图书馆事业的发展，确保图书馆能够更好地履行其在社会文化和知识服务中的角色。

图书馆法规首先对图书馆的职责进行了明确界定。根据法规规定，图书馆的主要职责包括搜集、整理、保存各类文献资料，为社会提供阅览、借阅、参考和文献咨询服务，以及进行相关研究。在这一背景下，对文献资料的著录成为图书馆基础性工作之一。

法规中还规定了图书馆服务的标准和原则，明确了为读者提供高效、精准信息服务的基本要求。其中，著录规则作为信息服务的基础，得到了充分的重视。法规对图书馆在文献著录方面的责任进行了强调，要求其建立健全的文献著录制度，确保文献信息的准确性和完整性。

图书馆法规在推动图书馆事业数字化、网络化的过程中，也对著录规则的实施提供了法律依据。随着数字时代的来临，图书馆的文献资源日益数字化，而著录规则在数字环境下的适应性和规范性显得尤为重要。法规要求图书馆采用现代信息技术手段，推动文献资源数字著录和数字化管理，保证信息资源在数字环境下的高效利用。

2. 文献著录规则对著录的要求

规则对著录工作提出了明确而具体的要求，以确保图书馆在信息服务中能够提供高效、准确的文献资源。这些法规不仅包括对文献基本信息的著录要求，还规范了著录的具体格式和流程，为编目员提供了清晰的操作依据，使他们能够在法规框架下有序、规范地进行著录工作。

规则明确了对文献基本信息的著录要求。这包括对文献的标识、题名、责任者、出版发行、文献载体等关键信息的规范记录。通过对这些基本信息的准确著录，图书馆能够为读者提供清晰、全面的文献描述，使其能够迅速准确地获取所需信息。

规则规范了著录的具体格式和流程。一方面涉及著录条目的结构和排列方式，确保著录信息的有机组织和清晰呈现。另一方面，法规还强调了著录的一致性和规范性，防止因著录规则的不一致而导致信息检索的混乱。这些规范性的要求有助于建立标准的文献著录体系，提高了著录工作的效率和质量。

在数字化时代的背景下，规则还强调了对数字资源的著录要求。要求图书馆要借助现代信息技术手段，对电子图书、数字档案等数字资源进行规范著录和描述。这体现了法规的时代性和前瞻性，使著录规则更加贴近当代信息管理的需求，适应数字时代图书馆事业的发展。

3. 文献著录规则支持的具体操作

规则为编目员提供了具体的操作指南，旨在确保图书馆著录工作的合规性和专业性。这一规则支持在编目工作中具有重要的作用，要求编目员深入理解相关法规，以保障著录过程的正确性，同时履行图书馆的职责和任务。

规则为编目员提供了对文献基本信息的明确要求。这包括文献标识、题名、责任者、出版发行等关键信息的规范记录。编目员在著录过程中必须仔细遵循这些规定，确保每一篇文献都能够准确而全面地被著录。这些具体操作规范为编目员提供了实际可行的方法，使其能够有章可循地完成著录任务。

规则规定了著录格式和流程，确保著录信息的有机组织和清晰呈现。编目员需要遵守这些规范，确保著录的一致性和规范性。这些规定为编目员提供了著录的具体操作步骤，使得整个著录过程更加有序、高效。

在数字化时代的背景下，规则还强调了对数字资源的著录要求。编目员需要借助现代信息技术手段，对电子图书、数字档案等数字资源进行规范著录和描述。

这进一步提高了著录员的技术水平要求，要求其熟练掌握数字著录的具体操作方法，确保数字资源能够得到规范的著录与管理。

规则强调了著录员对法律责任的认知与履行。编目员在著录过程中不仅要确保文献信息的准确性和完整性，还要关注著作权等法律问题。法规为编目员提供了关于知识产权和法律责任的相关规范，要求其在著录过程中合理识别和处理著作权，履行知识责任，保障文献信息的合法性。

（二）著录中的法规涉及问题的规定

1. 隐私问题的规定

法规在著录工作中对可能涉及的隐私问题进行了明确规定，为编目员提供了法定框架，以确保在著录过程中对个人信息的处理合法、规范，有效保障读者的隐私权。

法规对著录中可能包含的个人身份信息和隐私信息进行了明确的定义。这有助于编目员明确在著录过程中需要特别关注和保护的信息类型。对于包含个人身份、联系方式等敏感信息的文献，法规强调了更加谨慎的处理要求，以确保著录员在操作中能够对这类信息进行特别保护。

法规规范了编目员在处理个人信息时应遵循的基本原则。这些原则包括合法性、正当性、必要性等，要求编目员在著录中确保个人信息的合法获取，并且仅在必要的情况下使用这些信息。这为编目员提供了在著录工作中的明确指导，保障了著录过程的合规性。

法规还规定了著录工作中可能涉及的隐私信息的安全保护措施。这涵盖了信息存储、传输、访问等环节，要求图书馆建立健全的信息安全管理制度，以防范隐私信息泄露和滥用的风险。这为编目员提供了在信息处理中遵循的具体安全规定，确保隐私信息得到妥善保护。

法规明确了对著录员的培训要求，特别是在处理隐私信息方面的专业知识培养。这有助于提高著录员对隐私问题的敏感性和专业水平，确保他们在实际工作中能够更好地应对各类隐私挑战。

2. 版权问题的规定

法规对著录中的版权问题进行了详细规定，旨在确保编目员在处理版权信息时依法合规，维护文献著录的合法性和相关权益。

首先，法规明确了版权信息的范畴和内容。对于涉及版权的文献，法规规定了需要著录的版权信息，包括但不限于作者署名、出版者、版权声明等。这有助于编目员在实际工作中明确著录的具体内容，确保版权信息的全面和准确。

法规规范了版权信息的获取途径和方法。在著录过程中，编目员需要遵循法规规定的途径，获取版权信息。这可能包括与出版者或版权方的合作，利用公开的版权数据库等。通过规范获取途径，法规旨在确保编目员在版权信息的获取过程中合法合规。

法规还对版权信息的使用和展示提出了具体要求。在著录结果中，版权信息的使用应当遵循法规的规范，不得超越合理使用范围。这有助于维护版权人的权益，确保其著作权和相关权益得到妥善保护。

法规强调了对于涉及数字化资源的版权处理原则。在数字化时代，编目员需要更加关注数字资源的版权信息，确保数字资源的使用和展示符合相关法规和规定。

法规对著录员的版权培训提出了要求。鉴于版权问题的专业性和复杂性，法规要求图书馆为编目员提供相关的法律知识培训，提高他们对版权问题的理解和应对能力。

二、标准在著录中的作用

（一）著录标准的核心地位

1. 国际标准书目著录规则的引领作用

《国际标准书目著录规则》（ISBD）及其他国际通用的著录标准在全球范围内发挥着引领作用，成为著录规则体系的核心，为图书馆和信息机构制定和执行著录规定提供了具体而全面的依据。

这些国际标准在构建著录规则体系中扮演了关键的角色。ISBD 等标准规定了著录的基本要素，包括但不限于题名、责任者、版本、出版者、出版地、出版日期等。这为著录员提供了统一的著录框架，确保不同图书馆和信息机构在著录时能够使用相似的规则，提高了著录数据的一致性和可比性。

国际标准强调了对著录数据的格式和结构的规范。这包括对于标点符号、字体、排版等的统一规定，确保了著录结果的清晰易读。标准的规范性使得著录信息在国际范围内更易于交流和共享，为图书馆资源的全球合作提供了基础。

国际标准不仅规定了传统纸质文献的著录规则，还适应了数字时代的发展，对于数字资源的著录也提供了具体的指导。这有助于图书馆更好地管理和服务数字化的信息资源，推动了图书馆业务向数字化的转变。

国际标准的制定是一个开放、协作的过程，吸引了来自不同国家和地区的专家和从业者的参与。这种国际合作的方式使得标准更具权威性和普适性，适应了图书馆和信息机构在全球范围内的多样化需求。

2.基本原则和规范的统一性

著录标准在规范技术性的细节的同时，也明确了一系列基本原则和指导思想，确保了编目员在著录中遵循统一的基本原则和规范，提高了文献著录的国际一致性。

这些标准明确了文献著录的基本原则，如 ISBD 中规定了对于文献题名、责任者、版本、出版者、出版地、出版日期等基本元素的明确规定。这些基本原则是著录的基础，确保了对文献的著录是全面、准确、一致的。

标准明确了著录的规范，包括对于著录格式、著录语言、著录顺序等的规范要求。这种规范性确保了著录信息的整齐有序，使得读者能够迅速准确地获取所需信息。这种一致性不仅在国内有利于不同图书馆和信息机构之间的信息共享，也在国际上促进了国际合作与资源共享。

标准还强调了对于数字资源的著录原则和规范，使得标准具有时代性和适应性。在数字时代，对于数字资源的处理方式与传统纸质文献有所不同，因此标准在这方面的规范性和指导性显得尤为重要。

这些基本原则和规范的统一性确保了全球范围内不同图书馆和信息机构采用相似的著录标准，有助于提高著录数据的一致性和可比性。同时，这也为各类用户提供了更加规范和便捷的检索与利用服务。总体而言，这些基本原则和规范的明确定义体现了著录标准在国际著录规范体系中的重要地位，为图书馆信息组织与服务提供了坚实的基础。

（二）标准对编目员的指导

1.著录格式和元数据标签的规定

著录标准在规范技术性的细节方面发挥了至关重要的作用，具体涉及文献的著录格式和元数据标签等方面的规定。这些规范为编目员提供了明确而详细的操作指南，旨在确保编目工作的准确性、一致性和高效性。

著录标准对于文献的著录格式进行了明确规定。例如，《国际标准书目著录规则》（ISBD）对文献的题名、责任者、版本、出版者、出版地、出版日期等基本元素提供了详尽的格式规范。这确保了不同文献的著录呈现出一致的格式，使得读者能够迅速准确地获取所需信息。

标准还规定了元数据标签的使用方式。元数据标签是用于描述文献元数据的标签，通过这些标签可以更为精细地描述文献的各个方面。著录标准在这方面规定了标签的使用规范，使得编目员能够在著录过程中准确地添加和使用元数据标签，为图书馆信息组织提供更为精准的数据支持。

这些规范性的要求有助于编目员熟练掌握著录技能，确保其在著录过程中能够遵循一定的规范，提高了操作效率。编目员在具体操作中能够按照标准的要求进行著录，确保著录的一致性和规范性。这对于不同图书馆和信息机构之间的信息交流和共享具有重要意义，为全球范围内的图书馆服务提供了技术性的保障。

2.著录中的原则和思想的明确

著录标准的制定明确了在著录过程中应遵循的一系列原则和指导思想，这些原则为编目员提供了在实际工作中的理论基础。这不仅有助于确保文献著录工作的规范性和一致性，还为编目员提供了具体而全面的操作指南，促使其更有效地进行著录工作。

著录标准强调了信息的完整性原则。在著录过程中，编目员应确保对文献的各个方面进行全面而准确的描述，包括但不限于题名、责任者、版本、出版者、出版地、出版日期等。这一原则的贯彻有助于使编目结果具备足够的信息量，满足读者全面获取文献信息的需求。

著录标准注重了一致性原则。无论是同一馆内的不同文献，还是不同图书馆之间的文献，都应当遵循相同的著录规范，以确保编目结果的一致性。这有助于提高著录数据的可比性，使得用户能够更容易地对比和利用不同图书馆的资源。

标准还强调了规范性原则，即编目员在著录中应当遵循特定的规范和要求。这种规范性的要求不仅包括文献的具体著录格式，还包括对于元数据标签的规范使用等方面。规范性原则的明确有助于编目员在实际操作中更加准确地执行相关著录规范，确保著录工作的规范性和合规性。

（三）著录标准的国际一致性

1.国际合作与信息共享

通用的国际著录标准，如《国际标准书目著录规则》（ISBD），在国际图书馆界发挥着重要的作用，确保了文献著录的一致性和可比性。这些标准在国际范围内通行，为各个图书馆提供了共同的规范，使得不同图书馆间的文献著录结果更容易进行对比和共享。这种国际标准的遵循为图书馆界的信息共享和国际合作提供了坚实的基础。

通行的国际著录标准确保了文献著录的一致性。不同国家、地区的图书馆在采用相同的著录标准时，能够使用相似的著录规则和格式，使著录结果更具有统一性。这有助于用户更容易理解和利用来自不同地方的文献资源，提高了图书馆服务的国际水平。

通过遵循通行的国际著录标准，编目员能够使著录结果更具有可比性。不同图书馆使用相同的规范进行著录，使得他们的著录结果在格式、元数据等方面更为一致。这种一致性使得用户能够更方便地比较和利用不同图书馆的资源，推动了图书馆界信息共享的实现。

国际著录标准促进了国际图书馆事业的发展。通过建立和维护这些通用的标准，国际图书馆界能够更好地协同合作，共同推动图书馆事业的发展。这种合作有助于充分利用全球范围内的知识资源，提升图书馆服务的质量和效率，实现全球图书馆合作的新局面。

2.提高著录质量

国际一致的著录标准在提高著录质量方面发挥着关键作用，通过确保文献著录的一致性和规范性，使得不同图书馆、文献管理机构之间的著录结果更为统一和标准。这对于读者查找信息、图书馆资源共享以及整个图书馆事业的发展都具有积极的影响。

国际一致的著录标准为编目员提供了明确的操作指南，有助于提高著录的准确性。著录标准规定了文献著录的具体要求，包括著录格式、元数据标签等技术性内容，使编目员能够按照统一的规范进行著录工作。这有助于减少因为不同编目员个体差异而引起的著录误差，提高了著录的准确性和一致性。

国际一致的著录标准确保了文献著录结果的规范性。不同图书馆遵循相同的标准进行著录，使得它们的著录结果在格式、元数据等方面更为一致。这种一致性有助于用户更方便地理解和利用不同图书馆的文献资源，提高了图书馆服务的质量。

国际一致的著录标准促进了图书馆资源的共享。通过遵循通行的标准，不同图书馆著录的文献更容易被其他机构理解和采用，从而促进了文献信息的共享。这有助于实现全球范围内的图书馆资源的更好利用，推动了图书馆事业的全球化和多元化发展。

（四）著录标准的更新与发展

1.适应信息环境的变化

著录标准的不断更新和发展是为了使其能够适应快速变化的信息环境。在数字化时代，信息技术飞速发展，图书馆面临着新的挑战和机遇。编目员需要密切关注著录标准的最新版本，以确保著录工作始终符合当前信息资源管理的需求。

著录标准的更新通常是基于对信息环境的深刻理解和对用户需求的不断变化。随着信息技术的不断进步，新的媒体、新的数据类型和新的信息交流方式不断涌现。著录标准的更新旨在适应这些变化，确保图书馆的著录工作能够覆盖新兴的信息资源，为用户提供更全面、更准确的检索结果。

另一方面，用户的信息需求和检索习惯也在不断演变。著录标准的更新考虑到用户对信息的不断变化的需求，使得著录结果更符合用户的期望。例如，语义编目和知识图谱等新兴技术的引入，使得著录更加智能化，更好地满足用户对于深度信息挖掘的需求。

著录标准的适应性还体现在对多语言、多文化的支持上。随着信息的全球化，图书馆往往面对来自不同语言和文化背景的文献资源。著录标准的不断更新和发展旨在解决多语言著录、跨文化信息组织等方面的问题，以促进国际图书馆界的合作与信息共享。

著录标准的更新是为了适应信息环境的变化，使得著录工作能够跟上时代的步伐，更好地服务于用户，推动图书馆事业的可持续发展。编目员应当时刻关注著录标准的动向，不断提升自身的专业水平，以更好地应对不断变化的信息环境带来的挑战。

2.引领图书馆信息服务发展

著录标准的不断更新不仅仅是一场技术性的变革，更是推动着图书馆信息服务的发展。在数字化时代，信息形式和载体的不断演进对图书馆提出了新的需求，而著录标准的持续更新正是为了适应这些新要求，引领图书馆信息服务迈向更加现代化和多元化的发展。

首先，新兴的信息载体不断涌现，包括电子书、网络资源、数字媒体等。这些新的文献形式具有多样性和复杂性，要求著录标准能够灵活适应不同类型的信息资源。通过著录标准的更新，图书馆能够更好地整合和服务这些新兴信息资源，为用户提供更全面、便捷的信息服务。

其次，随着社会的信息化进程，用户对信息的需求变得更加个性化和多样化。

著录标准的更新考虑到用户需求的变化，注重提高著录结果的智能化和用户导向性。这有助于图书馆更精准地满足用户的信息检索需求，提高信息服务的质量和效率。

另外，著录标准的不断更新也在全球范围内促进了图书馆的合作与共享。通用的国际著录标准确保了各个图书馆在著录方面的一致性，进而推动了资源的共享与互通。这种国际合作有助于建立更广泛的知识网络，提升图书馆在全球信息服务中的地位。

著录标准的不断更新引领着图书馆信息服务的发展方向。通过适应新兴的信息形式、满足用户多样化的需求以及促进国际合作，图书馆能够更好地发挥信息服务的作用，为社会提供更为全面、便捷的知识服务。这也体现了图书馆在数字化时代积极应对变革，不断提升服务水平的努力。

第二节　通则

一、著录规则的总体原则

著录规则的总体原则是编目工作的基本指导思想，直接决定整个编目过程的准确性和规范性。这些原则为编目员提供了实际工作中必须遵循的基本依据，从而确保著录的高质量和一致性。在著录规则的总体原则中，主要包括以下几个方面：

（一）文献信息的完整性

1.作者信息的完整性

作者信息的完整性在文献著录中具有至关重要的意义。编目员在进行著录工作时，应确保对文献的作者信息进行全面而准确的记录。这包括涉及个人作者、团体作者或机构作者等不同类型的创作者。

对于个人作者，编目员需要仔细核查文献中列举的所有作者，确保每位作者都得到明确的标识。这包括作者的全名、职务、学术背景等信息，以便读者更全面地了解文献的知识产出者。同时，对于涉及团体作者或机构作者的文献，编目员也应清晰记录其名称、组织结构、相关背景等信息，以确保对作者身份的完整著录。

在追求作者信息的完整性时，编目员需要关注作者的责任和贡献。不同作者可能在文献中承担不同的责任，如第一作者、通讯作者等，这些责任在著录中应得到明确的标注。这有助于读者更准确地了解作者在文献中的角色和贡献。

此外，对于多作者的文献，编目员还需关注作者间的关系和合作情况。清晰标识作者间的协同关系有助于建立作者网络，促进学术合作和知识交流。

2. 标题的完整性

标题的完整性在文献著录中占据着关键地位，因为标题是读者获取文献信息的主要途径之一。编目员在进行著录工作时，应致力于确保文献的标题得到全面、准确的记录，包括主标题和副标题等关键信息。

主标题是文献题录的核心，是读者最先接触的部分，因此编目员需要确保主标题的准确表达，以准确传递文献的主题和内容。在记录主标题时，需要关注使用的术语、措辞，以尽可能还原原文的表达，确保著录结果与文献原文保持一致。

副标题在一些文献中承担着补充主标题的作用，为读者提供更为详细的信息。编目员在著录中应仔细关注文献中是否存在副标题，确保其完整记录。副标题的著录对于读者更深入地了解文献内容和主题有着重要的意义。

此外，对于包含专有名词、缩写或特殊用语的标题，编目员还需要确保这些术语的正确性和一致性，以避免因理解偏差导致的信息不准确。

在追求标题的完整性时，编目员应当根据著录规则的指导，灵活运用通则，关注各种文献类型可能存在的差异，确保著录结果既全面又准确。通过这样的努力，图书馆能够为用户提供更为全面、准确的文献信息，促进知识的传播与利用。

3. 出版信息的完整性

出版信息的完整性是文献著录规则中一个重要的要求，它涉及文献出版的基本背景信息，包括出版地、出版社和出版日期等。这些信息的完整著录对读者的文献使用和学术研究具有重要意义。

出版地是指文献所在的出版地区或城市。出版地的著录可以帮助读者了解文献的出版范围和地域特点，为读者提供参考和定位的依据。例如，某项学术研究可能更注重欧洲地区的文献，而另一项研究可能更关注亚洲地区的文献。因此，出版地作为出版信息的重要组成部分，对读者具有辅助选择和定位文献的作用。

出版社是指文献的出版机构或机构名称。出版社的著录可以向读者提供更详细的出版信息，使读者能够了解到文献的具体出版机构和负责出版工作的组织。

不同出版社在学术界的声誉和专业领域也存在差异，因此，通过著录出版社的信息，读者可以更好地评估文献的学术价值和可信程度。

出版日期是指文献的出版年份。出版日期的著录对读者具有重要的时间参考价值，它可以帮助读者了解文献的时效性和研究动态。在学术研究中，不同年份的文献可能涉及不同的知识和发展水平，因此，出版日期作为一项重要的著录信息，为读者提供了选择适当研究资料的依据。

（二）文献信息的一致性

1. 相似文献的一致著录

当处理相似文献时，保持一致的著录规范是非常重要的。一致的著录规范可以提高信息检索的准确性，使读者能够更轻松地找到所需的文献并获取准确的信息。以下是保持相似文献一致著录的几个关键方面。

文献类型的一致著录。不同类型的文献可能有不同的著录规定，而对于相似的文献类型，应确保采用相似的著录规范。例如，对于期刊文章，应统一指明作者、文章题目、期刊名、卷期号、页码等信息的顺序和格式。这样可以提高读者在文献检索时的准确性。

标题和作者的一致著录。相似文献中的标题和作者信息也需要保持一致的著录方式，特别是针对同一作者或团体撰写的多篇文献。在著录标题时，应注意是否使用相同的缩写、标点符号以及大小写格式。对于作者的著录，要确保姓名的顺序以及姓和名之间的分隔符的一致性。

出版信息的一致著录也是至关重要的。出版信息包括出版地、出版社和出版日期等内容。编目员应保持相似文献在出版信息方面的一致性，确保相同类型的文献采用相似的著录规范。例如，对于同一系列的图书，应统一指明出版地、出版社和出版日期，避免不一致的著录给读者造成的困惑。

索引词的一致著录也是必要的。索引词的一致著录可以帮助读者更好地进行文献检索。编目员应根据规范要求对相似文献的索引词进行一致著录，确保相关的主题词、关键词和分类词的一致性，提高文献的索引准确性和可检索性。

2. 主题的一致性

主题的一致性是著录主题信息时的一个重要原则。编目员需要遵循一致的标准，确保相似主题的文献采用相似的标引方式，以提高检索的一致性和效率。以下是主题一致性的几个关键方面。

主题词的选择要一致。主题词是文献中描述内容的关键词或短语，它们在检索中起到重要的作用。编目员在为文献标引主题词时，应根据主题内容选择最合适、最能代表文献主题的词语。对于相似主题的文献，应将相似的主题词应用于这些文献上，以确保相似主题的文献能够被检索到。

主题的层次结构要一致。主题的层次结构是指将主题按照从一般到具体的顺序进行组织和分类。在标引主题时，编目员需要将具体的主题归纳到更一般的主题下，并按照一定的规范进行组织。相似主题的文献需要采用相似的主题层次结构，以保持一致的标引方式和检索路径。

主题的语言表达要一致。不同的编目员可能使用不同的表达方式来描述相似的主题。为了提高检索的一致性，编目员应遵循一致的语言表达规范，使用相似的词语和语法结构来描述相似主题的文献。这样可以减少读者在检索时由于语言差异而产生的误解，保证检索结果的准确性和完整性。

主题的更新和调整也需要保持一致性。随着学科研究的不断发展和变化，主题的更新和调整是必不可少的。编目员需要及时跟踪学科领域的发展，并对主题进行更新和调整。在进行主题更新或调整时，需要保持一致的标准和规范，以确保相似主题的文献在更新后仍能够被准确地检索到。

（三）著录结果的可比性

1.同类型文献的可比著录

同类型文献的可比著录是著录规则中一个重要的原则。其目的是确保相同类型的文献在不同图书馆或系统中的著录结果尽可能保持一致，以便用户可以跨系统进行检索和利用资源。这有助于提高信息组织的一致性、整合性和互操作性。

同类型文献的可比著录可以促进文献之间的比较和评价。当用户需要查找某一特定类型的文献时，例如学术期刊文章或会议论文，一致的著录规则可以确保这些文献在不同系统中的著录结果能够更容易地进行比较。这使得用户能够更方便地评估文献的质量、相关性和适用性，从而更好地满足他们的信息需求。

可比著录也有助于提高信息检索的准确性和效率。一致的著录规则可以使不同系统中的索引数据更为一致和可比，减少用户在跨系统检索时由于著录差异而导致的检索错误。用户可以更准确地根据自己的信息需求进行检索，从而更有效地获取想要的文献。

同类型文献的可比著录还对信息资源管理和共享具有重要意义。一致的著录规则可以促进不同图书馆和信息系统之间的元数据交换和数据共享。这有助于构建跨机构的文献资源网络，使得用户可以更轻松地访问和利用各种信息资源，而不受特定系统或机构的限制。

2.规范标准的应用

规范标准的应用在著录工作中起着重要的作用。使用规范的著录标准有助于确保不同机构之间的著录结果的可比性和一致性。编目员应该遵循并灵活应用这些标准，以确保著录结果的质量和可比性。

规范标准的应用可以提高著录结果的比较和评价的可靠性。通过遵循统一的著录标准，不同机构获得的著录数据可以更容易地进行比较和评估。这使用户能够更准确地判断著录结果的质量、完整性和适用性，并更好地满足他们的信息需求。

规范标准的应用有助于提高信息检索的效率和准确性。规范的著录标准可以确保著录数据的一致性和可比性，减少因著录差异而导致的检索错误。用户可以更精确地根据自己的信息需求进行检索，从而更快地找到所需的文献资源。

规范标准的应用还促进了著录数据的互操作性和共享性。通过遵循统一的著录标准，各个机构之间可以更容易地交换和共享著录数据。这有助于构建一个更大范围的文献资源网络，提高信息资源的可访问性和利用效率。

编目员在著录工作中应遵循并灵活应用规范的著录标准。他们需要了解和掌握相关的著录规则，并根据具体情况进行合理的应用。同时，编目员也应根据实际需要进行适当的调整和创新，以便更好地满足用户的特定需求并提供更好的服务。

二、通则在具体操作中的体现

通则作为对总体原则的细化和具体化，为编目员提供了在不同情境下的具体操作方法。通则的具体操作主要体现在以下几个方面：

（一）文献类型的特殊要求

1.图书著录

图书著录是著录规则中的一个重要内容，通则对于图书的著录要求进行了详细规定。这些要求涵盖了图书著录的各个要素，包括作者、题名、出版者等，旨在确保读者能够清晰获取文献信息。

首先，通则对作者的著录要求非常明确。针对单一作者的情况，应将作者以名或姓名直序方式进行著录，对于多位作者的合著图书，需要著录每位作者的姓名，并使用逗号（全角）分隔。此外，通则还规定了对于机构或团体作者的著录方式，如在作者字段中直接记录其全称或简称。

其次是题名的著录要求。通则要求对图书的题名进行准确的著录，并严格按照规定进行信息源的选取。对于有并列题名和其他题名的图书，需要将并列题名与其他题名著录到相应的字段。

对于出版者、出版地和出版日期的著录要求也非常重要。通则指出出版者字段应标明出版者的完整名称或惯用缩写，并可以使用标识符标识其性质。出版地应当注明出版者所在地国家和地区。出版日期应按照一定的格式规范进行标注。对于多种版本的图书，通则还规定了不同版本之间的标引方法。

除了基本的著录要素，通则还对编著、译著、丛书等特殊情况进行了具体的标引方法的规定。对于合著图书，需要标明每位作者的姓名并遵循特定的顺序。对于编著图书，需要标明主编和编者的姓名，并使用特定的标识符来区分。对于译著，需要注明原著作者和译者的姓名。对于丛书，要根据丛书的名称和数字进行标引。

2. 期刊著录

对于期刊文献的著录，通则制定了一系列规定，以保证期刊名、期号、页码等信息的准确著录，并考虑到不同类型的期刊，如学术期刊和通俗期刊，通则还提供相应的著录指南。

通则规定了对期刊名的著录方式。对于学术期刊，应将期刊名按照一定格式进行著录，包括完整的期刊名称、主办单位或出版社名称、国家或地区。对于通俗期刊，则可使用简称或惯用的通称进行著录。

通则对期刊的期号著录提供了明确指导。针对学术期刊，期号应按照一定格式标注，包括年份、卷号、期号。对于通俗期刊，可以根据实际情况决定是否标注期号。

通则也规定了页码的处理方式。对于学术期刊，应准确标注每篇文章的起止页码；对于通俗期刊，如果没有明确的页码范围，可以选择其他辅助标识符，例如段落号、部分号等。

通则还会考虑到期刊特殊情况下的著录规定。例如，在引用在线期刊时，通则规定需要标注 DOI（数字对象标识符）或 URL 地址。对于特定类型的期刊，如专题期刊、增刊、论文汇编等，也会提供相应的著录指南。

3. 电子资源著录

针对电子资源的著录，通则制定了一系列规范，以确保对 URL、DOI 等电子标识符的准确著录，并解决了在线访问和更新频率等特殊情况的处理方法。

通则规定了对 URL（统一资源定位符）的处理方式。当引用电子资源时，应提供该资源的网络地址，即 URL。通则强调应使用完整的 URL，并在文献著录中准确记录，以确保读者能够直接访问到该资源。此外，在著录过程中，还需要注意对于长 URL 地址的合理缩短和格式化，以提高可读性和便于引用。

通则规定了对 DOI（数字对象标识符）的处理方法。DOI 是一种独特的标识符，用于标识电子资源的唯一性。通则要求在著录时，如果资源有 DOI 值，则应提供该值作为引用的标识符。DOI 的著录格式应按照规范要求进行，以确保精确和可靠的引用。

对于在线访问和更新频率等特殊情况，通则也提供了相应的处理方法。例如，对于在线数据库或电子期刊等资源，需要标注资源的访问路径或数据库名称，并在著录中注明"在线"。对于需要描述资源的更新频率的情况，通则建议在著录中提供相关信息，如更新日期、版本号等，以便读者了解资源的最新状态。

（二）载体类型的区分处理

1. 纸质文献

通则对于纸质文献的著录提供了详细的指导，确保对文献信息进行详尽的标引。在处理纸质文献时，编目员需要细致地著录各种信息，包括页码、尺寸等，以确保著录结果的全面性和准确性。

通则要求对纸质文献的题名进行准确著录。题名是文献的核心标识，需要根据特定规则进行标注，包括使用适当的标点符号区分不同部分和副题名的标示。对于长篇文献，还需要标注卷号或分册号等信息。

通则规定了对作者的处理方式。对于单一作者，应准确记录其姓名，并根据姓和名之间的分隔符进行标引。对于多位作者的文献，需要将每位作者的姓名都清楚地标明，并使用适当的标识符或分隔符进行区分。对于机构或团体作者，应记录其全称或简称。

对于纸质文献的页码和尺寸信息，通则要求编目员进行详细标识。页码的著录应根据实际情况准确标注，包括起始页码和终止页码。对于尺寸信息，编目员需要记录文献的尺寸大小，如高度、宽度等。

通则还要求在著录中注意准确记录出版者和出版地的信息。出版者字段应标明出版者的完整名称或惯用缩写，并可以使用标识符标识其性质。出版地应当注明出版者所在地国家和地区。

2. 电子文献

对于电子文献，通则制定了对其文件格式、存储介质等方面的标引要求，以帮助编目员充分考虑不同载体类型的特殊性。

通则关注电子文献的文件格式。电子文献可以采用各种不同的文件格式，如 PDF、HTML、XML 等。通则要求编目员准确记录电子文献所使用的文件格式，并根据标准制定的规则进行标引。这样可以帮助读者了解文献的适用平台和阅读方式，提高文献的可访问性和可用性。

通则指导对电子文献的存储介质进行标引。电子文献可以存储在各种介质中，如网络服务器、光盘、硬盘等。通则要求编目员标注电子文献所存储的具体介质信息，并提供相应的标识符或描述。这有助于读者了解文献的存储位置和获取方式，为他们提供准确和有效的文献访问路径。

通则还考虑到电子文献的特殊性，针对不同类型的载体提供了相应的著录要求。对于在线数据库和图书馆目录等资源，通则建议编目员标明它们的特定属性，并提供识别标识符。对于网站或博客等动态网页，通则要求记录其更新日期和引用日期等信息，以保证引用和检索的准确性。对于电子期刊，通则规定了对期刊名、出版者、期号等信息进行著录的具体要求。

3. 视听资料

对于视听资料，通则会明确著录方式，以确保著录结果的规范性和一致性。在处理视听资料时，通则规定了针对导演、演员、出版地等信息的具体处理方法。

通则规定了对于视听资料中导演的著录要求。导演是视听作品的核心创作者之一，其姓名是重要的著录元素。通则要求编目员应准确记录导演的姓名，并根据姓和名之间的分隔符进行标引。同时，对于多位导演合作的作品，也需要将每位导演的姓名都清楚地标明，并使用适当的标识符或分隔符进行区分。

通则对演员的著录方式也提供了具体指导。演员是视听作品中的重要表演者，其姓名的著录需要准确进行。通则要求编目员应记录演员的姓名，并在文献著录中注明其角色名称或饰演的角色，以便读者更好地理解演员在作品中的表现。

对于视听资料的出版地信息，通则规定了其著录要求。出版地是指视听作品的发行地点，通则要求编目员要准确记录出版地的名称，并按规范要求进行标引。这有助于读者了解作品的制作和发行地域，为他们提供更全面的作品信息。

（三）标点符号和格式的规范

1. 标点符号的使用

通则规定了在著录中标点符号的合理使用，以确保著录结果的一致性和可读性。在进行著录时，适当使用标点符号可以明确不同元素之间的关系，并提高文献信息的清晰度。

著录用标号符号，应当遵循其语言文字的书写规则，著录中文用中文的标点符号，西文用西文的标点符号。首先，在题名的著录中，通则要求使用正确的标点符号对于题目中的冒号、括号、斜杠等标点符号，要根据其在题名中的作用正确使用，以准确传达题目的含义和结构。

个人作者，应以名或者姓名直序方式著录使，对于机构或团体作者，通则规定了使用适当的识别符号或连接词来标示其全称或简称，并在标引中作出相应的注释。

在出版者和出版地信息的著录中，通则要求记录文献的出版、发行、印刷等方面的信息在出版者和发行者未载明的情况下，可注明出版者不详，并置于方括号内此外，通则还规定了对其他特定情况下的标点符号的使用要求。

2. 文献格式的规范

通则对文献的格式提供了详细规范，涉及字体、字号、行距等方面的要求，旨在确保不同文献在格式上的一致性。这些规范对于学术研究和文献引用具有重要的意义。

通则规定了文献中的字体和字号。通则要求在文献中使用统一的字体，常见的包括宋体、黑体等。此外，通则还要求文献中的字号应选择合适的大小，以便读者能够清晰地阅读文献内容。这样可以保证文献的可读性和一致性。

通则关注文献的行距和段落间距。通则规定了行距和段落间距的标准，以保证文献的版式整齐、易读。通常情况下，行距应适中，段落之间应有明显的分隔。这有助于读者更好地阅读和理解文献内容，并使文献在视觉上更加清晰。

除了上述基本要求外，通则还规定了文献中其他细节的格式要求。例如，对于标题的处理，通则要求使用特定的层次结构和标点符号来标示文献的章节和子章节。此外，通则还指导如何标注页面边距、页眉页脚、页码等文献中的元素，以确保格式的一致性和规范性。

（四）语言和脚注的处理

1. 多语言文献

对于多语言文献，通则提供了明确的处理方法，以保证在著录中能够全面呈现文献的语言特点。在处理多语言文献时，通则注重考虑题名、责任者等信息。

对于多语言题名的处理，通则要求将各个语言的题名都记录下来，并在著录中进行明确标示。通则建议使用适当的标识符或分隔符来区分每个语言的题名，并根据所使用的语言顺序进行标引。这样做可以使读者清楚地了解文献的多语言特点，为他们提供更详实和准确的题名信息。

在处理多语言责任者时，通则同样要求准确记录各个语言的责任者姓名，并进行明确标示。对于个人责任者，通则要求按照姓氏和名字之间的分隔符进行标引，并根据语言顺序进行排序。对于机构或团体责任者，通则要求将其全称或简称记录下来，并在标引中作出相应的注释，以保证责任者信息的全面性和准确性。

通则还就其他关于多语言文献的著录要求提供了具体指导。例如，在处理多语言摘要和关键词时，通则建议将不同语言的摘要和关键词都列出，并使用适当的标识符或分隔符进行区分。这有助于读者更好地理解文献内容和概述，并为他们提供全面和准确的信息检索途径。

2. 脚注信息

通则对于包含脚注的文献，规定了脚注信息的著录原则，旨在使编目员能够妥善处理脚注，并提高文献信息检索的准确性。在著录时，脚注被视为附加文献元素，需要按照一定的规范进行记录和引用。

通则要求编目员在著录中清晰标示脚注的存在和数量。对于每个文献条目中包含的脚注，应明确记录并给予适当的标识。这有助于读者在查阅文献时准确理解并使用脚注相关的信息。

通则要求编目员在著录中采取适当的方式引用脚注内容。著录中的应用应包含脚注符号和相应的脚注文字内容。通则建议使用特定的符号或编号来标示脚注，以便读者可以直接查找和参考相关的脚注信息。

通则还提供了对于长篇文献脚注的处理指导。在著录较长的文献时，通则要求编目员在引用脚注时采用简化的方式，如缩写或利用省略号等。这样可以在保留足够信息的前提下，避免著录结果过于冗长而影响可读性。

第三节　术语及名字段标识说明

一、著录中常用术语的明确解释

著录中常用的术语对编目员理解和执行规定至关重要。这些术语的明确解释有助于消除理解偏差，确保著录的一致性。以下是一些常用术语的明确解释：

（一）作者

在文献著录中，作者是指文献的创作者或主要责任者，可能是个人、团体或机构。这一信息对于读者来说至关重要，因为它能够帮助读者追溯文献的来源并确定研究者的身份。在著录过程中，对作者这一术语的明确解释是为了帮助编目员更好地理解和执行规定。

1. 个人作者的著录方式

在个人作者的著录方式中，我们需注重详细记录作者的姓名、职称和单位等相关信息，以确保编目工作的完整性和准确性。这种详细地记录不仅有助于建立作者的准确身份，同时也为读者提供了更全面、深入地了解文献的创作者背景。在实际的编目过程中，我们应当对个人作者的信息进行系统、规范的著录，以提高文献信息的质量和可用性。

著录个人作者时，姓名的记录应当遵循规范，包括姓氏、名字、中间名等。这有助于区分不同作者，确保著录的一致性。职称的记录也是必不可少的一环，特别是在涉及学术性文献时，职称信息能够反映作者的专业背景和学术地位。

单位信息的著录也至关重要。记录作者所属的单位可以为读者提供关于研究机构、学术组织等方面的参考信息，有助于评估文献的可信度和学术价值。这对于特定领域的研究者来说尤为重要，因为单位往往与研究者的专业领域紧密相关。

对于个人作者的其他相关信息，如电子邮件地址、联系方式等，也可以根据需要进行著录。这些信息的记录有助于建立更为全面的作者档案，方便读者在需要联系或了解作者背景时能够更便捷地获取相关信息。

2.个体或机构作者的标识

在处理团体或机构作者时，著录的关键是准确标识其正式名称，并且要特别注意记录的一致性，以避免因名称不同而导致信息检索的困难。这一过程旨在确保在各种文献中对同一组织的标识是一致的，从而提高信息检索的效率。

团体或机构作者的正式名称应当按照规范进行著录，包括全称和缩写形式（如果适用）。这有助于建立一个统一、标准的标识体系，使得用户在检索时能够迅速准确地找到相关文献。

编目员在著录过程中应当对团体或机构作者的名称进行仔细核对，确保在不同文献中对同一组织的标识是一致的。这可能涉及处理不同文献来源、不同命名习惯等情况，需要编目员具备较高的专业素养和严密的工作态度。

著录时要注意记录机构的层次关系，尤其是在多层次机构中。这可以通过详细标识组织的部门、分支机构等信息，以建立清晰的机构层次结构，有助于读者更好地理解机构的组织架构。

团体或机构作者的著录需要注重名称标识的准确性和一致性。通过规范的著录方式，可以为用户提供更为可靠、易于检索的信息，提高文献资源的利用效率。这种系统化的标识方法是编目工作中不可或缺的一环，为构建高质量的文献数据库提供了基础支持。

（二）主题

文献的主题是指文献所涉及的核心内容或讨论的中心议题。在著录中，主题字段扮演着至关重要的角色，其明确描述有助于读者准确理解文献的核心概念，提高信息检索的效率。

主题在整个著录过程中具有关键地位。首先，主题字段的选择和使用需要考虑到文献的实际内容，以确保主题词的准确表达文献的核心思想。这包括对文献内容进行仔细阅读和理解，以捕捉其中的主题和关键概念。通过透彻的主题分析，编目员能够选择最具代表性和权威性的主题词，为读者提供深度的信息检索途径。

其次，解释主题时需要注意到主题可以是单一的关键词，也可以是一个复杂的主题短语。这种灵活性有助于更全面地表达文献的主题，从而满足不同读者的信息需求。在主题字段的规范应用中，通则的灵活运用是确保主题表达既准确又全面的关键。

主题的明确描述通过主题字段的规范应用，使读者能够迅速了解文献所涉及的领域或问题。这种信息的清晰呈现有助于提高用户在图书馆或其他信息服务平台上的检索效率，使其更容易找到符合其信息需求的文献资源。因此，主题的规范著录不仅关系到文献数据库的质量，也直接服务于用户对多样化信息的获取与利用。

（三）出版者

1. 出版者的标识

在著录中，出版者字段的标识是为了明确文献的出版来源，即将文献引入公众视野的机构或个人。这一步骤的重要性在于为读者提供了了解文献出处的关键信息，同时为文献的追溯和引用提供了重要的线索。

对出版者的明确记录有助于读者准确了解文献的制作者与发布者。通过记录出版者的名称、出版地、出版社等信息，读者可以获得关于文献产生和发布的详细背景。这对于在学术研究中追溯文献的来源、核实文献的可信度具有重要作用。

出版者字段的规范应用也为文献的溯源提供了重要的线索。在学术研究和信息服务中，溯源是评估文献质量和真实性的关键步骤。通过清晰记录出版者信息，可以追溯文献的出版渠道、权威性等方面的信息，为用户提供更全面的文献评估依据。

2. 机构或团体出版者的记录

在著录中，出版者的标识对于文献信息的准确传达至关重要，特别是在涉及机构或团体出版者时，其完整名称的记录显得尤为重要。出版者作为信息源，其标识涵盖了文献的制作者和发布者，直接影响了读者对文献的来源和可信度的认知。

对机构或团体出版者的记录应包括其正式名称。这有助于确保著录结果的一致性，消除了不同文献中出现名称不同而导致信息检索困难的可能性。在著录过程中，编目员应当遵循规范，将机构或团体出版者的名称准确无误地记录下来，为读者提供清晰、一致的信息。

对于不同文献类型，如期刊、图书、电子资源等，编目员需要深入了解相应的通则，以规范标引出版者信息。不同文献类型可能涉及出版者信息的表达方式和要求的差异，编目员应当灵活应用相关规范，确保标识的一致性和规范性。

对机构或团体出版者的规范著录有助于提高文献信息的透明度和可信度。读者可以通过清晰的出版者标识更全面地了解文献的发布渠道和制作者身份，有助于他们在信息检索和学术研究中做出准确的判断。

（四）著录规则

1. 著录规则的目的

著录规则的目的在于提供一套系统性、一致性的原则和标准，以指导编目员在文献著录过程中的操作，确保著录结果具有高度的一致性、规范性和可比性。这些规则的制定旨在满足信息组织和检索的需要，促使编目工作更加科学、高效、可管理。以下是著录规则的主要目的：

著录规则旨在确保文献信息的一致性。通过明确规范的著录方式，规则确保了不同编目员在著录同一文献时采用相同的标准，从而使得同一文献在不同环境下的著录结果保持一致。这有助于建立起稳定、可持续的文献著录体系，提高了文献信息的稳定性。

著录规则的目标之一是确保著录结果的规范性。规则提供了对于各种文献元素著录的准确标准，包括作者、题名、出版者等信息的处理方式，从而使文献信息的著录更加规范、统一。这有助于降低著录过程中的错误率，提高著录结果的可靠性。

著录规则还追求文献信息的可比性。通过统一的规则，不同文献的同一元素都按照相同的标准进行著录，使得这些元素具有可比性。这有助于用户更容易对文献信息进行对比和分析，提高了检索和利用文献信息的效率。

著录规则的制定旨在提高著录工作的规范性和高效性。编目员通过深入理解和准确应用规则，能够在著录过程中更加高效地完成工作，提高信息组织的质量。规则还为新进编目员提供了培训和学习的基础，确保他们能够在编目工作中快速上手，保证著录工作的连续性和稳定性。

2. 适用于不同类型文献的规则

著录规则作为编目员的工作指南，在文献著录中具有关键的作用。这一术语的解释强调了规则的目的，即确保文献著录的一致性，使得相同类型的文献在不同图书馆或系统中的著录结果保持一致。同时，需要明确指出，著录规则并非一刀切的标准，而是根据不同类型文献的特点而设定的灵活指导原则。

规则的重要性在于维护文献著录的一致性。不同图书馆、机构或系统可能面临不同的著录挑战，而著录规则通过提供一套共同的标准，确保了相同类型文献的著录过程在不同环境下都具有一致性。这有助于建立起国际性的著录标准，促进文献信息的全球共享和互通。

著录规则需要灵活适用于不同类型文献。不同文献类型可能涉及不同的元素和著录方式，例如期刊、图书、电子资源等。因此，编目员需要在选用规则时灵活运用，根据文献的实际特点进行差异化处理。这要求编目员具备深厚的学科知识和对不同文献类型的理解，以确保规则的实际应用符合文献的特定需求。

规则的设计还需要考虑到数字时代的变革。随着数字化时代的发展，出现了各种新型文献资源，如电子书、在线期刊等。这些新型文献可能需要额外的规则和标准，以适应数字环境下的著录和检索需求。因此，著录规则的制定应具备前瞻性，能够不断更新以适应信息环境的演变。

（五）元数据

1.元数据的基本构建块

元数据是构建文献整体信息记录的基本构建块，其涵盖了描述文献的关键元素，包括作者、标题、出版日期等。这一层面的数据不仅在著录中扮演着关键角色，而且为信息组织和检索提供了必要的支持。对元数据的准确著录是建立完整文献信息记录的关键步骤，要确保记录的全面性和质量。

元数据的基本构建块之一是作者信息。作者是文献创作的核心，其标识和描述需要准确无误。在著录中，编目员应仔细记录作者的姓名、职称、单位等相关信息，以确保对作者身份的全面记录。这有助于读者更好地了解文献创作者的背景，提高检索时的精准性。

标题作为文献的核心标识，也是元数据的重要构建块。标题应该被清晰、准确地记录，以确保文献的标识和检索的准确性。编目员需要根据规范要求，确保对主标题和副标题的一致性和完整性，以提供用户全面的文献综述。

出版日期作为元数据的一部分，对于文献的时效性和历史性具有重要意义。编目员在著录时应该确保准确记录文献的出版日期，遵循规范，以便读者能够了解文献的时代背景和历史脉络。

其他元数据构建块如出版者、主题词等也同样重要。出版者信息涵盖了文献的出处，对于信息溯源至关重要。主题词作为描述文献核心概念的元素，有助于提高信息的可检索性。

2.在数字化时代的重要性

元数据作为文献综述的基本构建块，在数字化时代发挥着愈发重要的作用。元数据涵盖了文献的多个方面，从作者和标题到出版日期和关键词，构成了对文献的全面描述。在数字化时代，元数据的重要性体现在以下几个方面：

面对大规模信息的处理，元数据为文献提供了系统的组织结构。数字时代的信息资源庞大而多样，元数据的全面著录使得各种文献得以有序排列，有助于信息的分类和管理。元数据的精准记录为信息组织提供了基础，使得用户能够更加高效地检索和利用文献资源。

元数据在数字环境下支持信息检索的高效性。随着信息技术的迅猛发展，用户需要在海量信息中迅速准确地定位所需文献。元数据中的关键信息，如作者、标题、主题等，为检索提供了重要的标识和筛选条件，提高了检索的精准性和效率。在数字化时代，用户对信息的即时获取要求更高，元数据的作用愈发凸显。

元数据为数字资源的管理和利用提供了基础。在数字化时代，图书馆、档案馆等机构管理着大量的电子图书、数字档案、在线数据库等数字资源。元数据通过对这些数字资源进行详尽著录，使其更易被机器理解和处理，为数字资源的组织、存储、检索和共享提供了基础设施。

元数据对于数字化环境下的信息交流和合作也至关重要。在数字化时代，文献信息的传递不再局限于特定机构或地域，元数据的标准化和规范化使得不同系统和平台能够更好地共享和交换信息。这促进了全球范围内的学术合作和信息共享，推动了知识的流动和传播。

（三）元数据著录的全面性和质量

元数据的全面性和质量对于文献信息的有效组织和用户检索至关重要。在数字环境中，编目员在进行元数据著录时应遵循著录规则，确保每个元素都得到准确、规范的记录，以促进以下几个方面的全面性和质量：

全面性体现在对文献信息各个方面的详尽描述。元数据中包含了众多元素，如作者、标题、主题、出版日期、关键词等，这些元素共同构成了对文献的全面描述。编目员在著录时应细致入微地记录每一个元素，确保文献的各个方面都得到充分体现。这有助于用户更全面地了解文献内容，提高了信息的可获得性。

质量要求在于记录的准确性和规范性。编目员在元数据著录中需要准确识别和记录作者的姓名、文献的标题、出版日期等关键信息。准确地记录使得用户能够精准地定位所需文献，提高了检索的效率。同时，规范的记录有助于不同机构、系统之间的信息共享和交流，保证了元数据的一致性和可比性。

质量还涉及对不同类型文献的差异化处理。元数据著录不同于单一的规则适用，对于期刊文献、图书文献、电子资源等，编目员需要灵活运用规则，以确保著录结果在不同文献类型下都具备一致性和规范性。这有助于适应数字环境中多样化的文献资源。

元数据著录的全面性和质量对于数字环境下信息资源的长期管理和可持续利用至关重要。高质量的元数据不仅提高了信息的检索效率，还为数字资源的组织、存储、共享和保护提供了基础。良好的元数据著录是数字时代信息服务的关键环节，对于建立健全的数字图书馆、知识管理系统等起到了重要的支撑作用。

二、名字段标识的规范应用

名字段标识在著录规则中具有关键的作用，它们用于标识文献中的不同元素，例如作者、主题、出版者等。规范的应用名字段标识对于编目员快速、准确地定位和提取文献信息至关重要。

（一）作者字段标识

作者字段标识是著录规则中的一个至关重要的元素，用于在编目过程中标识文献的作者信息。这一标识不仅仅是对作者姓名的简单记录，更是对作者身份和责任的准确刻画，分为个人作者和团体作者两种情况。

在著录规则中，对作者字段标识的规范应用有其独特的定义和重要性。首先，作者字段标识被定义为著录规则中用于标识文献作者信息的关键元素。这包括了个人作者和团体作者，需要在著录中明确记录每位作者的身份和责任。这一定义确保了对作者信息的系统和一致性记录，是编目工作的基础。

其次，作者字段标识的规范应用在整个编目过程中显得尤为重要。通过清晰地标识个人作者和团体作者，确保每位作者的身份和责任得到准确记录，有助于提高文献作者信息的一致性和规范性。这不仅仅是为了满足编目的要求，更是为了使用户能够更方便地查找和辨识文献。规范的作者字段标识有助于促进文献资源的有效利用，提高信息的可检索性。

在整个著录过程中，对作者字段标识的精准应用有助于避免信息混淆和错误，确保了文献作者信息的真实性和准确性。这对于用户寻找特定作者的作品或者对作者身份进行追溯具有重要意义。因此，规范的作者字段标识是保障编目工作的有效性和文献资源服务质量的关键因素。

（二）主题字段标识

主题字段标识在著录规则中扮演着至关重要的角色，其概述和重要作用都在整个编目过程中显得至关重要。

主题字段标识的概述是指该标识用于在文献著录中标识文献的主题信息。这主要包括对文献核心概念的描述，从而让用户更好地理解文献内容。在著录过程中，编目员需要遵循相关规范，将主题字段标识应用到著录中，确保对主题信息的准确表达。这个过程不仅涉及对文献内容的抽取和总结，更是为用户提供了理解文献主题的关键路径。

主题字段标识的重要作用在于提高信息的可检索性。通过规范的主题字段标识应用，用户更容易找到与其研究或兴趣相关的文献，从而提高了检索的效率。这正是主题字段标识的价值所在，它通过深入描述文献内容，使用户可以通过多维度的检索途径获取相关信息。这种深度描述不仅仅是对文献主题的抽象，更是对文献内容的全面了解。

规范的主题字段标识应用不仅使编目员能够对文献进行深度描述，提高了著录的精准性，也让用户能够更轻松地找到所需信息，提高了信息的可检索性。通过这种方式，主题字段标识在整个著录规则中起到了连接编目员和用户的桥梁作用，推动了文献资源的更好利用。

（三）出版者字段标识

1. 出版者字段标识的涵义

出版者字段标识在著录规则中是用于标识文献的出版者信息的关键元素。这一标识不仅包括了出版地、出版社、出版日期等多个方面的信息，而且要求编目员在著录过程中严格按照规范应用，以确保对出版者信息的规范记录。

出版者字段标识的涵义体现在对文献的出版来源进行清晰标识。这包括了标识文献的出版地，即文献最初印刷或发行的地点，这一信息对于读者了解文献的地域特色和文化背景具有重要意义。同时，标识文献的出版社，即负责印刷、发行或销售文献的机构，对于读者了解文献的出版渠道和质量有着关键作用。另外，标识文献的出版日期，即文献正式出版或发行的日期，帮助读者了解文献的时效性和历史背景。

规范的出版者字段标识应用在著录中是至关重要的。通过严格按照规范将出版者字段标识应用到著录中，编目员确保对出版者信息的记录是一致、准确、规范的。这有助于读者更全面地了解文献的出版背景，提高了文献信息的完整性。规范的应用还有助于不同图书馆、数据库或系统中的著录结果保持一致，促进了信息的可比性。

出版者字段标识在著录规则中的涵义不仅在于清晰标识文献的出版来源，还在于通过规范的应用确保对出版者信息的一致性和规范性。这为读者提供了更为全面的文献信息，也有助于图书馆和其他信息服务机构更好地管理和组织文献资源。

2. 提高文献信息的完整性

规范的出版者字段标识应用对于提高文献信息的完整性具有重要作用。通过严格按照规范将出版者信息准确记录，可以为读者提供更全面的文献出版背景，从而提升了文献信息的完整性。这一完整性不仅涉及文献的出版地、出版社和出版日期等方面的信息，还涉及用户获取更详尽的背景资料，从而更好地理解文献的上下文和相关环境。

规范的出版者字段标识应用有助于读者更全面地了解文献的出版地。出版地是文献最初印刷或发行的地点，其地域特色和文化背景对于理解文献内容具有重要意义。通过准确记录出版地，读者能够更深入地了解文献的地理背景，从而使文献信息更为完整。

规范的出版者字段标识应用可以提高文献信息源于出版社的完整性。出版社作为负责印刷、发行或销售文献的机构，其标识有助于读者了解文献的出版渠道和质量。准确记录出版社信息不仅为读者提供了对文献出版过程的深入了解，也为文献信息的完整性提供了关键线索。

规范的出版者字段标识应用还有助于提高文献信息的出版日期完整性。出版日期是文献正式出版或发行的日期，对于读者了解文献的时效性和历史背景至关重要。通过准确记录出版日期，读者能够更全面地了解文献的时间背景，使文献信息更具完整性。

（四）差异化处理

1. 名字段标识的差异化处理

名字段标识在著录过程中的应用需要进行差异化处理，以适应不同类型文献的特点。这种差异化处理的灵活性和敏感性对于确保著录结果的一致性和规范性至关重要。

对于不同文献类型，名字段标识的应用可能存在一些细微的区别。例如，对于期刊文献和图书文献，作者信息的呈现形式和标识方式可能略有不同。在期刊文献中，作者通常以姓氏和名字的缩写形式出现，而在图书文献中，可能更常见的是完整的作者姓名。编目员需要根据规范敏感地应用名字段标识，确保在不同文献类型下的一致性和规范性，从而使用户能够轻松地理解和检索文献信息。

各字段标识的差异化处理也涉及对个人作者和团体作者的著录方式。对于个人作者，著录时需要详细记录其姓名、职称、单位等相关信息，以确保著录的完整性和准确性。而对于团体作者，标识时需特别关注其正式名称，避免因名称不同而导致信息检索困难。编目员应该灵活运用名字段标识，确保在个人作者和团体作者的处理上既保持一致性又规范。

各字段标识的差异化处理需要考虑到多语言文献的情况。在处理多语言文献时，作者姓名可能以不同语言表达，而且不同文献领域可能有各自的标识规范。编目员需要敏感地应用名字段标识，根据具体情况采用适当的标识方式，确保跨语言和跨领域的一致性。

2.灵活应用规范

在著录过程中，编目员需灵活应用规范，特别是在标识作者时，针对期刊文献和图书文献可能存在的微小差异，巧妙处理以确保在不同文献类型下的一致性和规范性。这种差异化处理赋予著录工作更大的灵活性和适应性。

对于期刊文献和图书文献，作者信息的呈现形式可能存在一些差异。在期刊文献中，作者通常以姓氏和名字的缩写形式呈现，而在图书文献中，完整的作者姓名可能更为常见。编目员需要根据规范对这些差异进行敏感的处理，确保在著录结果中呈现一致而规范的作者信息，从而为用户提供清晰、易读的文献标识。

对于个人作者和团体作者，规范的灵活应用也显得尤为重要。在标识个人作者时，需要详细记录其姓名、职称、单位等相关信息，以确保著录的完整性和准确性。而在处理团体作者时，特别需要关注其正式名称，避免因名称差异导致信息检索的混淆。编目员在灵活应用规范时，应根据文献的实际情况和类型，调整著录策略，确保著录结果既规范又贴近实际。

差异化处理也涉及多语言文献的著录。在处理多语言文献时，作者姓名可能以不同语言表达，而且不同语言领域可能有各自的标识规范。编目员需要灵活应用规范，结合多语言情境，选择适当的标识方式，以确保跨语言的一致性和规范性。

第三章　著录信息的构建与填写

第一节　著录项目与著录单元

一、著录项目的分类与定义

在图书著录中，著录项目是构建整个著录体系的基本单位。根据性质和特点，著录项目可分为主要著录项目和次要著录项目。主要著录项目是构成图书主体的基本元素，包括著者、题名、出版项等。而次要著录项目则在主要著录项目的基础上提供辅助信息，如并列题名、版本项等。这些项目共同作用，形成图书著录的框架。

（一）主要著录项目的定义与分类

主要著录项目指在图书著录中具有独立标识和明确含义的要素。以下是主要著录项目的分类：

1. 著者项目

著者项目是图书著录中的核心元素，主要包括主要责任者和次要责任者。主要责任者通常指的是图书的主要作者，是对图书内容有直接贡献的个体，他们可能是学者、作家、研究人员等。主要责任者的姓名通常以个人名或个人名与姓氏的组合形式出现，以清晰地识别其身份。

而次要责任者则包括对图书有一定贡献但不是主要作者的个体，这些责任者的身份多种多样，包括但不限于编辑、翻译者、插图者、编者等。主要责任者的添加有助于全面展现图书制作过程中各方面的贡献，从而准确地反映图书的多元性和合作性质。

在著者项目中，每个责任者的姓名通常以姓在前的形式排列，并根据其在图书中的具体贡献角色标明相应的责任关系，以确保读者对于各个责任者的具体作用有清晰的认识。此外，对于一些特殊情况，如多个作者共同创作，也需要细致处理其在责任者列表中的排列顺序以及各自的具体责任。

2. 题名项目

题名项目在图书著录中扮演着至关重要的角色，主要包括主题题名和并列题名。主题题名是对图书主题内容的精炼概括，是读者最直接获取图书主题信息的途径。其构建需要准确、简明地表达图书的核心主题，以引导读者对图书内容的初步了解。

与主题题名不同，同时存在的并列题名则呈现了图书可能具有的多个相关题名，扩展了对图书内容的理解。这些并列题名可能涉及不同的方面，如不同章节、不同视角或者不同版本的题名，为读者提供了更为全面的认知，尤其对于涉及多个学科领域或具有多维度内容的图书而言，更显得重要。

在整理题名项目时，关注语言表达的准确性和清晰度，确保主题题名在简洁中具备信息密度，而并列题名在丰富多样的同时不失清晰度。此外，还需要特别注意翻译时的准确性，尤其是在处理多语言或跨文化情境下的图书题名。

3. 出版项目

出版项目是图书著录中至关重要的一部分，包括出版者、出版地和出版年。这些信息为读者提供了深入了解图书的出版背景和时间线索的机会，对于学术研究和信息管理具有重要的学术价值。

出版者是指出版图书的机构、公司或个人，其在出版过程中承担着重要的责任。出版者的准确记录有助于读者对图书出版的机构性质和背景有清晰认识，为评估图书权威性提供了基础。

出版地是指图书正式出版的地理位置，通常为城市。出版地的记录有助于读者了解图书产生的地域背景，有时甚至可以反映出图书的文化或学术传统。对于特定主题领域的研究者而言，出版的信息也可能对理解当地学术环境产生影响。

出版年是指图书正式出版的年份。这是图书著录中最基本、最重要的时间信息之一。对于读者，出版年提供了图书产生的时间线索，有助于了解图书的时代背景，尤其对于历史研究、文献追溯等方面具有重要作用。此外，对于学术研究者而言，出版年也是评估文献时效性和参考价值的一个关键因素。

（二）次要著录项目的辅助作用

次要著录项目在主要著录项目基础上提供了进一步信息，全面展示图书内容和特征：

1. 并列题名

并列题名在图书著录中具有重要作用，它为读者提供了更为全面深入的认知途径，通过列举其他与主体相关的题名，进一步展示了图书内容的多样性和丰富性。

并列题名扩展了读者对图书内容的认知范围。一个图书可能涉及多个方面、多个视角，通过并列题名的方式，可以将这些方面的题名一并呈现给读者，使其更全面地了解图书的内容。这对于那些跨学科、涉及多个领域的图书尤为重要，因为这些题名的列举有助于读者更好地了解图书的全貌。

并列题名也反映了图书内容的复杂性和多维度性。当一个图书有多个题名时，这可能意味着不同章节、不同部分或者不同版本的题名，这种差异反映了图书内容的深度和多层次性。这对于一些需要深入挖掘、多角度审视的学术研究尤为关键，因为它为读者提供了更多的选择和参考。

并列题名也有助于促进跨文化、多语言环境下的信息传递。当图书涉及多语言或多文化背景时，不同语言版本的题名都可以并列呈现，这有助于消除语言障碍，使得图书信息更具全球化和多元文化的特色。

2. 版本项

版本项在图书著录中是一个关键的元素，它标示了同一图书的不同版本的存在，其中可能包括修订版、重印版等。这一信息为读者提供了在选择适合自己需求的版本时的参考依据，对于学术研究和读者信息选择具有重要的学术价值。

版本项的存在有助于读者了解图书的演化历程。在出版周期内，图书可能经历多个版本，每个版本都可能包含对内容的修订、更新或其他改动。通过版本项的明确记录，读者可以清晰地识别出不同版本之间的差异，有助于他们理解图书的发展轨迹和作者在不同时间点的观点变化。

版本项的记录有助于读者选择适合自己需求的版本。对于某些领域的学术研究者而言，他们可能更倾向于使用最新修订的版本，以获取最新的研究成果。而一些经典著作的重印版本则可能更受历史研究者的青睐。因此，版本项为读者提供了明晰的版本信息，帮助他们根据个体需求作出明智的选择。

版本项也为图书馆和信息机构提供了重要的管理工具。通过准确著录和记录不同版本的信息，图书馆能够更好地管理馆藏，确保读者能够方便地找到他们所需的特定版本，同时也有助于馆藏的更新和维护。

二、著录单元的重要性与应用

著录单元是实际进行著录操作时的具体单位，包括著录项、著录段、著录区等。规范填写著录单元有助于确保著录的准确性和一致性，为图书信息检索提供可靠基础。

（一）著录项的构建与填写

在图书著录中，著录项是对特定著录项目的详细记录，对于著者著录项的构建与填写尤为关键。著录项的准确性直接关系到整个图书著录信息的规范性和精确性。

1. 主要责任者的著录项

主要责任者通常是图书的主要作者，其著录项需要包含以下核心信息：

（1）作者的全名

在图书著录中，作者的全名是构建著录项的关键元素之一，具有极高的学术价值。确保作者姓名的拼写准确无误对于准确记录知识产权、尊重学术作者的贡献至关重要。

作者的全名包括姓氏和名字，是作者身份的明确标识。在构建著录项时，要特别注意姓氏和名字的拼写，确保其准确性。错误的拼写可能导致对作者身份的误解，影响对图书知识产权的准确追溯。

作者姓名的准确性对于学术交流和引用具有基础性意义。学术著作的引用依赖于对作者姓名的精确记录，以确保学术信息的传递准确无误。在学术界，对作者姓名的精准著录也是对学术诚信的表现。

在处理作者全名时，应考虑不同文化和语言环境可能带来的差异。一些作者可能有习惯使用缩写、化名或不同名称的情况，这些变化需要在著录中得到妥善处理，以确保对作者身份的尊重和准确记录。

对于具有多位作者的图书，要确保每位作者的姓名都得到了完整而准确的记录。这涉及对作者次序的管理，以确保对每位作者的平等对待和公正呈现。

（2）作者的职称

在图书著录中，作者的职称是著录项中至关重要的一部分，尤其是对于学术界的作者。职称不仅是对作者学术身份的明确标识，更是展示其在特定领域专业性的关键元素，对学术交流和读者对作者贡献的认可具有深远影响。

作者的职称是对其在学术界的地位和资历的清晰体现。学术界通常有着严格的职称体系，如教授、副教授、讲师等，这些职称代表了作者在教学和研究领域的不同层次。通过在著录项中明确记录作者的职称，读者能够更准确地了解作者在学术社区中的地位，有助于建立对作者学术贡献的信任和尊重。

职称反映了作者的专业性和研究领域。学术界的职称常常与特定领域的专业知识和研究方向直接相关。例如，一个拥有"教授"职称的作者可能在某一学科领域取得了较高的研究成就，而这一信息对于读者选择特定领域的图书具有指导意义。通过记录作者的职称，图书著录不仅提供了作者身份的明晰标识，同时也为读者提供了对作者学术专业性的重要线索。

对于多作者图书，不同作者可能具有不同的职称。在构建著录项时，需要细致入微地记录每位作者的具体职称，以保持对各作者在学术体系中的平等呈现。

（3）作者的其他身份信息

在图书著录中，除了作者的基本姓名和职称之外，作者可能还拥有多重身份，例如兼职编辑、研究员等。这些额外的身份信息在著录项中的准确体现具有重要的学术价值。

作者的其他身份信息提供了更为全面的作者画像。一个学术从业者可能参与多个领域的工作，兼顾研究、编辑、教学等多重身份。通过在著录项中记录这些附加身份，读者能够更全面地了解作者的多元贡献，从而更好地理解其在学术界的综合价值。

身份信息的记录有助于读者更好地理解图书的制作过程。特别是在一些学术著作中，作者可能兼具研究和编辑角色，这直接影响到图书的学术质量和审查标准。通过准确记录作者的兼职身份，读者能够更深入地了解图书的制作过程，对其学术价值进行更为全面的评估。

多重身份信息也反映了学术从业者的多面性和灵活性。在学术领域，一个人可能通过不同的身份在不同领域间游刃有余，这种多元化的贡献对于学术界的发展具有促进作用。著录项中的身份信息记录可以为这种多面性提供实质性的支持。

2. 次要责任者的著录项

次要责任者可能包括编辑、翻译者等，其著录项需要更为详细，包括：

（1）责任者的全名

在图书著录中，责任者的全名作为构建著录项的重要组成部分之一，与主要责任者一样，其姓名的准确性是不可忽视的关键。确保责任者的全名准确无误在著录项的构建中扮演着至关重要的角色，这直接关系到对知识产权的准确追溯和对贡献者的尊重。

责任者的全名是对其身份的明确标识。在构建著录项时，应确保责任者姓名的拼写准确无误，涵盖其姓氏和名字。这种精确性对于维护知识产权、保障学术诚信至关重要，为读者提供了对贡献者身份的清晰认识。

责任者的全名直接关联到学术引用的准确性。在学术研究中，对先前工作的引用是常见的实践，而这些引用依赖于责任者姓名的准确记录。学术著作的正确引用不仅有助于前人贡献的充分认可，也为后续研究提供了可靠的参考依据。

在处理责任者全名时，还需要考虑到文化和语境的差异。一些作者可能使用缩写、化名或不同的名称，尤其是跨越不同语言和文化背景的情况。因此，在著录项的构建中，应当以尊重和关注的态度处理这些差异，确保对作者全名的记录既符合规范，又体现了对作者个体特点的尊重。

（2）责任者的具体职责

在图书著录中，责任者的具体职责是对次要责任者在图书制作中所承担角色的详细描述。不同于主要责任者，次要责任者可能涉及多种专业领域，如编辑、翻译等，其具体职责的明确记录对于读者更深入地理解图书制作过程、评估图书质量至关重要。

编辑的具体职责在次要责任者中占据重要位置。编辑在图书制作中可能涉及内容的组织、结构的调整、语言的修辞等多个方面。通过对编辑的具体职责进行清晰地描述，读者能够了解到编辑在保障图书逻辑性、流畅性以及专业性方面所作的贡献。编辑科能负责确保内容的一致性，协调作者之间的合作，确保图书整体的质量。

翻译者的具体职责也是次要责任者中的一个重要角色。对于翻译者，其主要任务是将原文转化为另一种语言，同时保持原文的风格和意境。明确记录翻译者的具体职责有助于读者理解图书的跨文化特性，评估翻译的质量，并在需要的情况下更好地选择适合自己阅读的版本。

还有其他次要责任者可能涉及的具体职责，如校对、排版等。校对者负责发现和修正文本中的错误，而排版者则负责页面的设计和文字的布局。这些角色的明确职责有助于读者对图书制作的各个环节有更全面的了解。

（3）责任者的相关信息

在图书著录中，除了记录责任者的具体职责外，对次要责任者的相关信息进行清晰而全面的描述，尤其是涉及其他身份或专业领域，对于读者深入了解图书制作的背景和主要责任者的多元贡献具有重要的学术价值。

次要责任者的其他身份是次要责任者在图书制作中承担的附加职责。这可能包括兼职编辑、研究员，或者其他与图书主题相关的专业身份。通过明确记录这些身份，读者可以更全面地了解到主要责任者在不同领域的专业经验和贡献，从而对图书的学术价值有更为深刻的认识。

主要责任者的专业领域也是相关信息中的重要组成部分。不同于主要责任者，次要责任者可能涉及多个专业领域，这直接关系到图书的跨学科性质。通过清晰记录主要责任者的专业领域，读者能够更好地了解到图书在不同领域的立足点，推动了跨学科交流和合作。

除此之外，次要责任者的其他学术身份，如协作者、顾问等，也应得到明确的记录。这些身份的说明有助于读者了解次要责任者在图书制作中的具体角色，以及对图书内容和质量所做出的贡献。

（二）著录段与著录区的协同作用

1. 著录段的划分

在图书著录中，著录段是著录单元中按照一定规则划分的各个部分，其合理地划分对于构建清晰而有序的著录结构至关重要。不同的著录项目需要在著录段中找到明确的逻辑结构，以确保信息有序排列，为读者提供清晰而易于理解的著录信息。

著录段的划分需要根据著录项目的性质和内容进行合理分类。以主要著录项目如著者、题名、出版项为例，可以通过将其分别划分到不同的著录段中，使每个著录段具有独立的信息集中，有助于读者迅速获取所需信息。这样的划分不仅有助于信息的整理，也符合图书著录的规范结构。

著录段的划分需要考虑信息的重要性和关联性。在每个著录段中，信息的排列顺序应该符合读者获取信息的优先次序。例如，对于出版项著录段，可以首先记录出版者，其次是出版地，最后是出版年，这样的逻辑顺序符合读者获取图书基本出版信息的需求。

对于有多个责任者或并列题名的情况，著录段的划分需要灵活应对。可以通过采用子段或子著录段的形式，将每个责任者或并列题名分别列出，使信息层次清晰，有助于读者对多元信息的准确把握。

在著录段的划分中应注意规范和统一的原则。不同的著录项目可以采用相似的划分规则，以保持整体著录结构的一致性。这有助于提高著录的可读性，使读者在浏览图书著录时能够更容易地定位和理解所需信息。

2.著录区的完整信息

著录区作为包含有关著录项目的完整信息的关键部分，在图书著录中扮演着整合和展示著录信息的重要角色。各著录段在著录区内协同工作，以确保涵盖该著录项目的所有重要信息，为读者提供全面而准确的图书著录。

对于著者著录项目，著录区应包含作者的基本信息。这包括作者的姓名，确保拼写准确无误，生卒年月以展示作者的时代背景，以及职称等信息，以体现作者在学术领域的地位和资历。这样的详尽信息有助于读者更全面地了解作者，为对图书内容的理解提供更多的背景信息。

对于题名著录项目，著录区应涵盖主题题名和并列题名。主题题名反映了图书的核心内容，而并列题名则提供了额外的相关题名，为读者提供对图书内容更全面的认识。通过在著录区内明确记录这些题名，读者可以更迅速地捕捉到图书的主题和相关内容。

在著录区内，出版项著录项目应包含有关图书出版的所有关键信息。这包括出版者的名称，出版地的具体位置以便读者了解图书的地域特色，以及出版年份以确保读者能够识别图书的出版时间。这样的信息有助于读者更好地评估图书的时代背景和文化背景。

在著录区中，对于其他次要著录项目，也应涵盖相关的详细信息。例如，责任者的具体职责、版本项的修订情况等，都可以在著录区内得到清晰的记录。这样的翔实信息有助于读者全面理解图书制作的方方面面。

（三）合理运用著录单元的实际应用

1.规范性与系统性

著录单元的规范使用对于图书著录的质量具有至关重要的影响。规范性体现在著录单元的每个部分都应按照明确的规定和标准进行填写，以确保著录信息的准确性和一致性。这不仅包括对著录项目的详细记录，还包括对著录项的规范构建，例如作者姓名的正确拼写、日期格式的一致性等。规范性的著录单元有助于提高图书著录的专业水平，使其符合国际著录标准，为读者提供可信赖的信息。

与此同时，著录单元之间的系统性也是确保图书著录质量的关键因素。系统性要求各著录单元之间有机地结合，构成一个整体的信息体系。例如，在整个著录中，不同著录项目的顺序和排列应有逻辑性，以便读者能够迅速而准确地获取所需信息。责任者、题名、出版项等著录项目的系统性排列有助于形成清晰的著录结构，提高图书著录的可读性和可用性。

规范性和系统性相互交织，共同构建了一个严谨而有序的著录体系。规范性确保著录信息的准确、完整，为读者提供可靠的检索服务。而系统性则使得不同著录单元之间的关系更加密切，使图书著录更具有整体性和连贯性。

在图书著录中，规范性和系统性的要求也反映了对著录员专业素养的期望。著录员需要熟悉并遵守国际、国家、地区等相关的著录规范，同时能够将这些规范有机地融入具体的著录实践中，形成一个既规范又系统的著录体系。这对于图书信息的质量、可读性以及检索效率都具有重要意义，为读者提供更为优质的图书著录服务。

2.图书信息管理的重要性

图书信息管理在现代社会中扮演着至关重要的角色，而著录单元的合理运用则是保障信息管理质量的关键。著录单元的规范使用不仅涉及对图书著录的具体操作，更是图书信息管理体系中的一个重要组成部分，对于提高管理效率、确保信息准确性以及为读者提供高效检索服务都具有重要价值。

著录单元的规范使用有助于提高图书信息管理的效率。通过按照明确的规则和标准填写著录单元，图书管理员和著录员能够更加高效地完成著录任务。规范的著录单元使用使得信息录入更为迅速、准确，有助于管理机构更好地应对图书数量的增长和多样化。

著录单元的合理应用直接影响读者的检索体验。规范填写的著录单元有助于建立清晰的图书信息结构，使读者能够迅速而准确地找到所需的图书。在图书馆等信息管理机构中，读者通过合理的检索方法能够更便捷地获取信息，提高了信息服务的效率。

著录单元的规范使用不仅仅是一种技术层面的要求，更是对信息管理质量的保障。通过规范填写著录单元，可以避免信息录入错误、减少信息冗余，从而提高信息管理的精度和质量。这对于图书馆等机构而言，是确保其信息资源得以高效管理和合理利用的基础。

著录单元的规范使用也符合国际图书著录标准，有助于提高信息管理的国际化水平。规范的著录单元使得图书信息的描述更具一致性，有助于各国图书馆和信息机构之间的信息共享和合作。

第二节 著录信息源

著录信息的构建涉及多样的数据来源，包括印刷出版物、网络资源、非书资料等。这些来源具有各自的特点，因此在著录中需要灵活运用规则，以确保对不同信息源的准确著录。

一、数据来源的多样性

图书著录信息的多样性源于不同介质和形式的出版物，涵盖了印刷出版物、网络资源以及非书资料等多个方面。

（一）印刷出版物

传统的印刷出版物一直是图书著录的主要来源，其中包括书籍和期刊等多种形式。在著录这些印刷品时，需要充分考虑以下关键方面，以确保著录的准确性和信息的完整性。

1. 书名

书名在印刷出版物中扮演着至关重要的角色，作为核心标识之一，其任务不仅在于唤起读者对内容的初步认知，同时也为图书著录提供了重要的信息基础。在进行书名的著录时，需遵循一系列规则，确保信息的准确性和规范性。

书名的著录需要关注其格式。著录规则通常包括对书名是否需要使用斜体、是否需要加引号等方面的规定。这有助于统一著录标准，使得不同著录者在书名的呈现上保持一致性，提高信息检索的准确性。

对于具有副标题的书籍，著录者还需将副标题纳入考虑范围。副标题通常用于进一步说明书名所涵盖的主题或内容，因此在书名的完整呈现中，对副标题的准确记录显得尤为重要。这有助于读者更加全面地理解图书的主旨。

需要强调的是，书名的著录不仅仅是对文字的机械性记录，更是对信息的理解和呈现。考虑到不同领域和国家对书名著录的差异，著录者在进行书名的记录时，应当根据相应的规范和标准进行操作，确保著录信息的规范性和可比性。

2. 作者

在图书著录中，作者信息的准确记录对于读者正确识别创作者、理解其贡献至关重要。在进行作者著录时，著录者需要明确区分主要责任者和次要责任者，并清晰地表达他们在著作中的具体角色。这种区分有助于读者更全面地了解著作的创作者团队，提供了对知识产出的更为详细和准确的认知。

主要责任者通常指的是著作的主要创作者，即书籍的主要作者或文章的主要作者。这一信息对于读者来说是尤为关键的，因为主要责任者往往是对著作贡献最大、最具权威性的人物。在著录中，需要对主要责任者的姓名、职称、身份等信息进行准确记录，以确保读者能够明确识别并了解创作者的学术或专业背景。

次要责任者包括编辑、译者等，他们在著作中可能扮演辅助性的角色。著录者需要明确标识这些次要责任者的身份，以便读者对著作的整体创作团队有更为全面的认识。在图书著录中，通常通过注明"编辑""译者"等词汇来表达次要责任者的身份，同时也要准确记录他们的姓名和其他相关信息。

对于团体作者，如机构或团体名，著录者需要特别注意确保其正确著录。这涉及对组织名称的准确性和规范性的关注，以便读者能够准确获取相关的组织信息。

3. 出版日期

出版日期是图书著录中至关重要的信息元素，它是反映出版物时间信息的关键组成部分。在著录的过程中，著录者需要特别关注并准确记录出版日期，包括年、月、等详细信息。这一关键信息对于读者了解文献的时效性、历史背景以及一些特定研究领域的发展趋势具有重要的意义。

准确获取出版日期是为了读者能够明确了解文献的出版时间。在学术和研究工作中，文献的时间属性通常与研究对象的时效性息息相关。因此，著录者需要确保从图书或期刊等出版物中准确提取并记录出版日期的相关信息，以便读者在查阅文献时了解其在时空背景下的具体位置。

对于一些早期出版的书籍，特别是在历史研究等领域，出版日期的著录需要更加谨慎。由于历史文献可能存在多个版本或重印本，著录者需要额外关注版本信息，以确保读者能够获取到最准确的文献引用。这一点对于确保历史研究的准确性和可信度至关重要。

对于出版日期的准确著录是图书著录中的一项基础工作，对于信息检索和学术研究都具有直接影响。对出版日期的规范著录实践为读者提供了可靠的时间参考，为他们更深入地理解文献的背景和发展背景提供了支持。

（二）网络资源

随着数字化时代的发展，网络资源成为图书著录中不可忽视的重要组成部分。主要涉及电子书、在线期刊等多种形式的信息源，著录时需要特别关注以下关键信息，以确保著录的准确性和信息的完整性。

1. 链接

链接在图书著录中扮演着至关重要的角色，特别是在涉及电子书、在线期刊等网络资源时，它是提供直接访问这些资源的关键元素。在著录这些在线资源时，著录者需要特别注意链接信息的准确性、完整性，并遵循相关的规范，以确保读者能够便捷地获取所需的信息。

确保链接的准确性至关重要。著录者应该仔细核对链接信息，确保所记录的 URL 或 DOI 是能够直接导向相关资源的。错误或失效的链接将严重影响读者对信息的获取，降低著录的实用性和可靠性。因此，在著录过程中需要对链接进行严格的验证，以保障信息的可用性。

链接的完整性同样重要。在记录链接时，要确保包括协议（如 http 或 https）、域名、路径等各个组成部分，以确保链接的完整性。这有助于读者直接点击链接时能够稳定地进入目标资源，提高了信息检索的效率。

对于一些较长的链接，为了提高可读性和引用的方便性，著录者可以考虑使用 URL 短链接或者使用 DOI（数字对象标识符）等方式。这种做法有助于简化链接，使其更易于记忆和引用，同时也提高了在印刷出版物中著录链接的美观度。

链接的规范著录是图书著录中的一项关键任务，直接关系到读者获取在线资源的便捷性和效率。对链接的准确著录不仅为读者提供了直接的访问路径，也为著录者和图书馆工作者提供了管理和维护在线资源的实用手段。

2. DOI（数字对象标识符）

DOI（数字对象标识符）是一种为在线资源分配的唯一永久性标识符，具有极高的重要性，尤其在图书著录中。著录者在处理在线期刊、学术论文等具有独立标识的资源时，应当明确并记录 DOI 的存在，并将其纳入著录信息的重要组成部分。

DOI 的存在确保了在线资源的可持续性。相对于常规的 URL 链接，DOI 的独特之处在于其被设计为具有永久性，即使资源的位置或网络结构发生变化，DOI 仍然能够稳定地引用特定的在线资源。这为读者提供了一种更为可靠和稳定的引用方式，避免了由于链接失效而导致的信息不可访问的问题。

DOI 的使用提高了引用的准确性。由于 DOI 是独一无二的标识符，不同于其他标识符或链接可能存在的重名问题，使用 DOI 能够确保引用的唯一性。这对于学术论文、研究报告等需要精确引用的文献尤为重要，有助于避免因引用不精确而引发的信息歧义和误导。

DOI 还具有一定的元数据附加功能，能够提供关于资源的更多详细信息，包括作者、标题、出版商等。这些元数据的可用性为读者提供了更丰富的信息检索和了解资源的途径，增加了著录信息的实用性。

3. 在线出版日期

在线资源的出版日期是在著录中需要特别关注的信息元素之一。与传统印刷物不同，在线资源可能具有实际出版日期和在线发布日期两个相关但不同的时间点，因此在著录时需要加以区分。

实际出版日期是指资源正式印刷或出版的日期，这通常适用于印刷物。然而，对于在线资源，尤其是电子书、在线期刊等，它们可能没有传统意义上的印刷过程，因此著录者需要查找并记录资源的实际出版日期。这有助于读者了解资源的创作和发布时间，从而更好地评估其时效性和相关性。

在线发布日期是指资源在网络上首次发布或可供访问的日期。这个日期反映了资源在互联网上的实际可获取性，通常是一个相对于实际出版日期更具实质性的时间点。在著录中，将在线发布日期明确记录，有助于读者追溯资源的历史可用性，同时也提供了一个重要的参考点，方便读者了解资源在网络上的传播和变迁过程。

对于读者来说，了解资源的实际出版日期和在线发布日期对于评估资源的时效性、可靠性和版本变化至关重要。这些信息的明确著录不仅为读者提供了全面的时间线，也有助于避免混淆不同版本的资源，为信息的准确引用和使用提供了基础。

在图书著录中，对于在线资源出版日期的规范著录实践是图书馆学和信息管理领域的重要课题之一。这不仅为著录规范的制定提供了实际经验，也为信息组织和检索领域的研究提供了实用的参考。

（三）非书资料

非书资料涵盖了录音、录像、地图等非传统形式的资料，其著录涉及不同的规则和格式。在著录这些多媒体资料时，需要特别关注以下关键方面，以确保著录的准确性和信息的完整性。

1. 媒体类型

非书资料的著录中，媒体类型是首要关注的要素之一。媒体类型涵盖了非书资料的多样性，包括但不限于音频、视频、地图等不同种类的资料。对于这些不同媒体类型，其具体的著录规则和格式各异，因此在著录时需要明确区分，以确保著录的准确性和规范性。

媒体类型的明确区分有助于提供更精准的信息检索。在图书馆和信息管理中，用户对于不同媒体类型的需求可能存在差异，因此著录者需要在著录中准确标明资料的媒体类型，以便读者能够根据需求有针对性地检索和获取信息。

不同媒体类型在著录规则和格式上存在差异。以音频和视频为例，需要著录具体的制品名，以便读者准确获取所需资料。而对于地图等特殊媒体类型，著录时需要关注发行地点等地理信息，以确保对地理空间信息的准确著录。

在非书资料的著录过程中，著录者需要根据具体的媒体类型来选择和遵循相应的规范，确保信息著录的一致性和规范性。这涉及对不同媒体类型的著录规则的熟悉和理解，为用户提供准确、全面的著录信息。

2. 制品名

在非书资料的著录中，特别是对于录音和录像等媒体，明确标识具体的制品名是极为重要的一环。制品名作为非书资料的独特标识，对于读者准确获取所需信息具有关键作用。在录音和录像的著录过程中，涉及作曲者、演奏者、导演等与具体制品相关的要素，这些要素需要在著录中得到明确呈现，以提供翔实的信息。

对于录音资料，著录者需要关注制品名中的作曲者和演奏者等信息。作曲者是音乐作品的创作者，而演奏者则是演绎这一作品的艺术家。在制品名的著录中，这两个要素的准确呈现能够帮助读者迅速了解录音资料的创作者和演奏者信息，有助于音乐作品的准确引用和欣赏。

对于录像资料，导演是一个关键的要素。导演在影视作品中扮演着决定影片整体风格和表现形式的重要角色。在著录中明确制品名中的导演信息，有助于读者对影片的制作背景和风格有更全面的了解，同时也有利于影片的引用和学术研究。

整体而言，对于录音和录像等非书资料，著录者在制品名的明确呈现上扮演着至关重要的角色。通过准确著录作曲者、演奏者、导演等要素，能够为读者提供更全面、翔实的信息，促进非书资料的准确引用和使用。

3.发行地点

在非书资料著录中，特别是对于地图等地理信息相关的非书资料，发行地点的准确记录显得尤为重要。发行地点不仅是地图制品的出处，也直接关联着地理位置信息，因此在著录过程中的准确性对于确保地理信息的准确性至关重要。这一信息不仅有助于读者理解地图内容，还能够为他们提供相关地理背景的实质性帮助。

发行地点是地图资料的地理标志。地图作为地理信息的表达工具，其制作和发行往往与具体的地理位置有关。通过明确地图的发行地点，读者可以更好地了解地图的地理来源，从而更深入地理解地图内容的时空背景。

发行地点对于地图的可信性和权威性有着直接的影响。某些地区的地图可能由当地的地理信息机构或权威出版社制作发行，其准确性和权威性相对较高。通过记录发行地点，读者可以更好地判断地图的可信性，选择与自身需求和研究背景相匹配的地图资源。

对于非书资料，尤其是地图等地理信息资源，著录者在发行地点的准确记录上发挥着重要作用。通过明晰、规范的著录实践，可以为读者提供可靠的地理信息参考，促进地图资源的合理利用和学术研究。

二、信息源的可信性与权威性

在进行著录信息时，信息源的可信性和权威性是确保著录准确性和实用性的两大关键因素。本文将深入探讨可信性和权威性的概念，并提供在不同情境下确保这两个方面的实用建议。

（一）可信性

可信性是指信息源的真实性和准确性，对于确保著录信息的可靠性至关重要。以下是不同类型信息源可信性的考量：

1.印刷出版物的可信性

印刷出版物的可信性源于其常规的编辑、审核流程，这种经过专业编辑和校对的过程使得这类出版物具有相对较高的可信性。在印刷出版的过程中，作者的内容经过精心编辑，确保信息的准确性和可信度。专业的编辑人员会对文本进行仔细审查，包括语法、逻辑结构和事实准确性等方面，以保证最终的出版物质量。

这种编辑和审核流程不仅能够纠正作者可能存在的错误，还有助于确保信息的一致性和完整性。编辑人员的专业知识和严格标准能够提高文本的学术水平和可读性，从而为读者提供高质量的信息。

然而，尽管印刷出版物具有相对较高的可信性，但在著录印刷出版物时，仍然需要注意确保书籍的最新版本和印刷日期。由于知识的不断更新和修订，新版本的书籍可能包含对先前版本的修正或补充信息。因此，在著录中应特别留意版本信息，以确保读者获得的信息是最为准确和最新的。

印刷出版物的可信性得益于其规范的编辑和审核过程，这使得其成为图书著录中相对可靠的信息源。然而，为保持其可信性，著录者需要关注并记录最新版本和印刷日期，以提供读者最为准确和实用的信息。

2. 网络资源的可信性

在对网络资源的可信性进行评估时，需持更为谨慎的态度。建议选择由权威的出版机构或学术机构发布的内容，以确保信息的可信性和学术水平。具体而言，学术期刊和大学出版社提供的在线期刊、电子书等资源通常经过同行评审，这一过程有助于确保所发布的内容达到较高水平的可信性。同行评审是学术界一种常见的质量控制机制，通过同行专家的审查，保证了文献内容的学术合理性和准确性。

此外，在评估网络资源可信性时，了解作者的学术背景和所属机构的声誉也是至关重要的因素。作者的学术资历和研究经验能够直接影响到其研究成果的可信程度。知名的学术机构或研究中心所发布的内容通常受到更高的信任，因为这些机构往往有着严格的研究标准和审核程序。

网络资源的可信性评估需要综合考虑出版机构、学术期刊、作者学术背景以及机构声誉等多个方面。这种谨慎的评估方法有助于提高著录信息的准确性和学术价值，确保所提供的信息源是具备可信性的。

（二）权威性

权威性强调信息源的学术、专业背景，是确保著录信息与学科标准相符的关键。以下是在不同情境下确保权威性的建议：

1. 学术著录的权威性

在学术著录中，权威性被视为确保著录信息符合学科标准的核心要素。为了保证信息的学术背景和质量，建议在学术著录中选择由专业机构和学术出版社出版的资料。这样的资料通常受到学术界的认可，具备较高的学术水平和权威性。

特别是在著录期刊论文时，应选择在知名学术数据库上发表的论文。这些学术数据库通常对论文进行了严格的同行评审，确保论文内容的学术可信性和研究方法的科学性。同行评审是学术研究领域中一项常见的质量保障机制，通过由同行专家组成的审稿团队对论文进行评审，确保了学术著作的权威性和质量。

通过选择由专业机构和学术出版社发布的资料，并在学术数据库中寻找同行评审过的论文，著录者可以更好地确保著录信息符合学科标准，并具有高度的学术权威性。这种权威性的选择和著录实践为学术研究者和信息专业人士提供了可靠的信息检索服务，并为学术交流提供了强有力的支持。

2.非学术著录的权威性

在进行非学术著录时，例如一般书籍和报纸等，同样需要重视权威性的考量。尽管这类资料可能不像学术著录那样经过同行评审等程序，但权威性对于确保著录信息的可信性仍然至关重要。在选择信息源时，著录者应尽量选择有知名度的出版商、报纸社等发布的内容，以确保信息的可信性和权威性。

对于一般书籍而言，知名的出版商通常会对编辑、校对等环节进行更为严格地管理，保证书籍的质量和可信度。因此，在著录非学术著作时，尤其是一般读者可能更为关注的领域，选择由知名出版商出版的书籍可以提高著录信息的权威性。

对于报纸等新闻类资料，选择知名的报纸社发布的内容同样有助于确保信息的可信性。知名的报纸社通常有严格的新闻报道和编辑标准，能够提供更加可靠和客观的信息。这种选择有助于确保著录的新闻资料具有较高的权威性，适用于广泛的读者群体。

非学术著录中的权威性考量需要结合出版商、报纸社的知名度，以及对内容的评估，确保著录的信息具有相对较高的可信性。这种权威性的考量和实践为广大读者提供了可靠的信息检索服务，确保他们能够获取到具有权威性和可信性的非学术资料。

第三节　图书应用字段一览

在图书著录中，各种字段扮演着不同的角色，如著者、题名、出版项等。这些字段的合理应用对提高图书著录的质量和可读性至关重要。

一、常用字段的功能与应用

（一）著者字段

1. 主要责任者

在图书著录中，著者字段扮演着至关重要的角色，其主要任务是明确标识并突显图书的主要创作者，以强调他们在图书内容中的关键贡献。这一字段的设计旨在为读者提供一种迅速识别并深入了解图书核心思想和主要著者的手段。主要责任者，即最为显著的创作者，被认为对图书的内容贡献最为重要。这种明确定位有助于读者快速建立对图书主题和贡献者的初步认知。

通过著者字段，读者能够迅速获取对图书主要著者的信息，这对于建立对图书的信任和权威性感知至关重要。了解主要责任者的身份有助于读者更全面地评估图书的学术价值和可信度。这也反映了著作权的概念，强调了知识产权在学术著作中的保护重要性。通过清晰标识主要责任者，著者字段为学术界提供了维护知识产权和促进学术创新的框架。

此外，著者字段也在学术研究和引用中发挥关键作用。在学术著作的引用中，正确引述主要责任者有助于建立学术著作的准确引文链，为后续研究提供可追溯的依据。这有助于学术领域的知识传播和持续发展。

著者字段的设计和应用不仅仅是一种标识作者身份的手段，更是维护学术诚信、传播知识和促进学术进步的重要工具。通过强调主要责任者的贡献，这一字段为读者提供了对图书内容和作者身份的清晰认知，为学术研究提供了坚实的基础。

2. 次要责任者

在图书著录的构建中，次要责任者字段的引入是为了更全面地呈现图书创作过程中其他贡献者的角色，包括但不限于编辑、译者等。这一字段的设计不仅仅是对图书制作过程的一种反映，更为读者提供了一个更全面、多元的视角，以深入了解图书的产生和形成过程。

主要责任者的身份涵盖了图书制作的多个层面，其中编辑起到了协调、整合、修订图书内容的作用。编辑在图书出版中扮演着重要的角色，能够保证图书在结构和语言上的一致性，提高图书的整体质量。通过次要责任者字段，读者能够了解到编辑在图书制作中所发挥的关键作用，从而更好地理解图书的专业性和准确性。

此外，次要责任者字段还包括译者，尤其在涉及多语言文献的情况下，译者的贡献不可忽视。正确记录译者的身份有助于读者理解图书的跨文化传播，同时为那些希望深入了解原著内容但语言不通的读者提供了宝贵的信息。

通过对主要责任者的详细记录，读者能够得知图书形成的全貌，从创意的提出到最终成品的完善，每个环节都凝聚着不同责任者的心血。这有助于读者对图书的产生过程有一个更为深入的理解，为他们在文献研究和学术研究中提供更丰富的背景信息。

次要责任者字段的引入不仅为读者提供了对图书制作全过程的了解，更为图书的多元贡献者提供了公正而清晰的呈现平台。这一设计不仅有助于维护图书制作中各方的知识产权，也促进了学术研究的深入发展，为读者提供了更加完整和准确的信息资源。

（二）题名字段

1. 主题题名

主题题名在图书著录中扮演着至关重要的角色，其作为图书标识的核心元素，直接反映了图书的主要内容和核心思想。正确而精准地使用主题名字段对于读者快速准确地定位符合其需求的文献至关重要，进而提高文献检索的效率。

主题题名的设计目的在于通过简洁而明确的方式概括图书的主题，使读者能够在众多图书中迅速找到符合其兴趣或研究需求的文献资源。这对于学术研究、教学、信息检索等方面具有显著的实际价值。通过主题题名，读者能够在无需详尽阅读全文的情况下，就能够获取到关于图书核心内容的关键信息，从而更高效地选择适合自己目的的文献。

主题题名的准确性和清晰度直接影响到图书信息的传达和图书著录的可信度。一本图书的主题题名应当准确反映其主旨，涵盖图书核心思想，同时具备吸引读者眼球的特点。这有助于建立起读者对图书主题的直观印象，为其提供了在广大文献资源中准确选取目标文献的工具。

在学术研究中，主题题名的使用也直接关系到学术交流和合作的高效性。一个清晰、明确的主题题名可以使学术成果迅速为同行所认知，促进学术讨论的深入展开。同时，主题题名的规范使用也为学术引用提供了可靠的基础，确保学术研究的可追溯性和透明度。

主题名字段的正确应用既为读者提供了高效的信息检索工具，又为图书的传播和学术研究的推进提供了实质性的支持。通过明确准确的主题题名，图书著录体系能够更好地履行其在学术研究、知识传播中的职责，为广大读者和研究者提供了丰富而高效的信息资源。

2.并列题名

并列题名在图书著录中的引入是为了展示与主体相关的多个题名，为读者提供更为全面的了解，特别是在涉及多个主题的复合性文献时。这一字段的设计旨在通过提供额外的题名信息，为读者呈现图书多元而丰富的内容面貌，从而增进对图书主旨和内容的深入理解。

通过并列题名，读者可以获得有关图书的多个题名，这些题名可能涉及不同层面、不同方面的内容。这有助于读者对图书的多方面内容建立全面而立体地认知。在复合性文献中，多个主题可能交织在一起，而并列题名的运用能够清晰地呈现这种复合性，使读者更容易理解图书所覆盖的多元主题，从而提升阅读体验。

并列题名的引入也与跨学科研究密切相关。在跨学科领域，图书往往涉及多个学科领域的内容，具有复合性和交叉性。通过并列题名，读者能够更好地把握图书的全貌，不仅深入了解各个题名所代表的主题，还能够在多个学科领域之间建立关联，促进知识的交叉和整合。

此外，并列题名的运用对于图书检索和信息组织也具有积极的影响。当读者通过检索获取图书信息时，多个相关的题名能够为不同的检索词提供支持，提高图书被检索到的概率，进而增加了读者对于相关文献的获取机会。

并列题名字段的设计和应用不仅为读者提供了更全面的图书信息，也有助于满足复合性文献的需求，促进了学科之间的交叉融合。通过明晰呈现多个与主体相关的题名，这一设计为图书著录提供了更为灵活的方式，以适应不同类型和风格的文献，为读者和研究者提供了更为立体、多元的信息资源。

（三）出版项字段

1.出版者

出版者字段在图书著录中的引入是为了提供有关图书出版机构或个人的信息。这一字段包含了图书出版者的身份背景，从而为读者提供了对图书出版背景的深入了解。对于读者而言，正确理解出版者信息对于评估图书的权威性和可信度具有重要作用，从而为其在信息选择和利用方面提供了重要的参考依据。

通过出版者字段，读者可以获取到有关图书出版者的详细信息，包括出版机构或个人的名称、性质、规模等。这一信息能够为读者提供出版者的学术背景、专业领域和研究方向等关键信息，有助于读者更全面地了解出版者的学术声誉和研究立场。

出版者信息的重要性体现在其对于图书权威性和可信度的影响。一个知名且具有良好声誉的出版机构通常会对图书的质量进行审核和把控，确保其中的学术内容具有一定水平和可信度。因此，通过了解出版者的身份，读者能够对图书的学术价值作出初步的评估，为其决策提供科学的依据。

此外，出版者信息还为读者提供了对图书的出版背景和上下游产业链的理解。读者通过了解图书的出版者，可以了解到图书的出版时间、地点等信息，从而对图书所处的时代背景和文化环境有更深刻的认识。这对于一些历史性研究、文化研究或者社会背景分析具有重要意义。

2. 出版地

出版地字段在图书著录中的设立旨在提供有关图书印刷或发行的地点的重要信息。这一字段记录了图书的物理生产和发售地点，为读者提供了对图书的地域背景、文化环境以及可能存在的地方特色的深刻理解。正确理解和运用出版的字段有助于读者在获取图书信息时更全面地把握图书的上下文背景。

通过出版地字段，读者可以得知图书的实际生产和发布地点，这对于了解图书所处的地域背景具有直接的关联。图书的出版地点与地域的文化、历史、社会制度等方面有密切联系。因此，通过关注出版地信息，读者能够在阅读过程中对图书的内容进行更为深入的地域化解读。

此外，出版的字段也为图书提供了一种地方特色的补充。不同地域往往有着独特的文化、语言和传统，这些地方特色可能会反映在图书的编撰、编辑和发行过程中。通过出版的信息，读者可以追溯到图书制作的实际地点，更好地理解图书在文化、地理和社会层面上的背景，从而对其内容有更为细致入微的理解。

在一些学科研究中，特定的出版地也可能成为研究的重点。某些领域的学者可能会关注特定地区的学术产出，通过分析出版的信息，他们能够更好地了解该地区的学术特点和发展趋势。这为学术研究提供了有关地域性差异的重要线索。

3. 出版年

出版年字段在图书著录中扮演着关键的角色，其作用在于标识图书的出版年份，为读者提供了一个重要的时间参考点。这一字段的设计不仅为读者提供了对图书时代背景的直观认知，同时也为研究特定历史时期或跟踪作者思想发展的读者提供了不可或缺的时间线索。

通过关注出版年信息，读者能够准确获知图书的出版时间，从而将其置于特定的历史和社会语境中。这对于一些历史研究、社会学研究或文化研究尤为重要，因为图书的内容和观点往往受到时代背景的影响。通过了解图书的出版年，读者可以更全面、深刻地理解其中所包含的思想和主张，并在研究中进行更为精准的定位。

特别值得注意的是，对于那些追溯作者思想发展轨迹的读者而言，出版年字段具有不可替代的重要性。通过观察作者作品的出版年，读者能够追溯作者的思想演变过程，了解其在不同时期的观点和立场。这对于研究作者思想体系的变迁、探究其成长背景具有显著的学术价值。

除了对于特定研究领域的贡献外，出版年字段也为读者提供了对图书版本和更新的线索。通过关注图书的出版年，读者可以区分不同版本的图书，了解其中可能的修订或增补情况。这对于确保读者获取到最新和最全面的信息具有重要意义。

二、不同字段在著录中的角色

（一）责任者字段的角色

1. 主要责任者的重要性

主要责任者字段在图书著录中具有至关重要的地位，其设计和运用在多个方面为图书信息管理和学术研究提供了深刻的意义。通过明确标识最主要的创作者，主要责任者字段为读者提供了对图书知识产权的追溯，为学术界建设公正的著作权体系和促进学术创新提供了坚实的基础。

主要责任者字段强调了图书的主要创作者，即对图书内容做出最为重要贡献的个体。这有助于保护作者的权益，使得作者在学术著作中的贡献得到明确的认可和记录。在知识产权保护的语境下，主要责任者的准确标识有助于防范知识盗用和不当引用，为学术创作者提供了法律上的保障。

主要责任者字段的运用对于维护学术诚信至关重要。在学术领域，对于著作权和学术道德的尊重是学术发展的基石。通过清晰地标识主要责任者，图书著录系统能够防范学术不端行为，确保学术研究的诚信和可靠性。这种机制的建立有助于打造公正、透明、合法的学术环境，激发学术创新和研究热情。

主要责任者字段为读者提供了对图书贡献者的清晰认知。读者能够迅速了解到图书的主要创作者是谁，这有助于建立读者对图书内容的信任感和权威感。对于学术研究和文献检索而言，读者可以通过主要责任者的信息迅速定位到自己关心的领域，从而提高了信息检索的效率。

主要责任者字段的应用不仅仅是对作者身份的简单标识，更是为学术界构建公正的著作权体系、维护学术诚信和促进学术进步提供的一项重要工具。通过准确标识主要责任者，主要责任者字段为学术创作者提供了知识产权的保障，为学术研究提供了可靠的引用链，为读者提供了清晰而权威的图书信息。

2.次要责任者的多元贡献

次要责任者字段的引入为图书著录系统增添了一层多元性，涵盖了图书制作过程中除主要责任者外的其他贡献者，例如编辑、译者等。这一字段的信息记录不仅仅是对图书制作团队的成员名单，更是对图书多元文化和多元思想的体现，为读者提供了更为全面和深入的理解。

次要责任者字段突显了图书制作的团队性质。一个图书的制作往往涉及多个专业领域的合作，包括但不限于编辑、译者、校对员等。通过记录这些次要责任者的信息，读者可以窥见图书制作过程中各种专业力量的协同合作，这不仅有助于读者理解图书的综合性和专业性，也为制作团队的辛勤劳动提供了应有的认可。

次要责任者字段的运用为读者提供了对图书多元文化、多元思想的更全面理解。在涉及多语言文献的情况下，译者的身份变得尤为重要。正确记录译者的信息不仅有助于读者了解图书的跨文化传播，也为读者提供了深入了解原著内容但语言不通的机会。此外，编辑的介入使得图书内容更为一致、专业，编辑的专业性和审慎性对于确保图书质量至关重要。这种多元贡献的记录使得读者在阅读过程中更能够感知到不同文化、思想的融合，促进跨学科研究的发展。

次要责任者字段的多元贡献也体现了知识共享和团队协作的现代趋势。图书制作不再是个体创作的结果，而是集结了多个领域专业人才的共同努力。通过对主要责任者信息的记录，图书著录系统不仅使得这些贡献者的工作得到了公正的记录，也为学术研究提供了更为全面的信息资源。

次要责任者字段的多元贡献记录为读者提供了对图书制作过程的透明认知，使得读者能够更全面地理解图书的多元性和专业性。这一字段的运用为学术研究和跨文化交流提供了更为丰富的背景信息，促使了学术研究的深入和跨学科领域的融合。

3.维护知识产权的重要性

维护知识产权对于学术界和著作者本身都具有至关重要的意义。在图书著录中，正确识别和记录责任者信息，尤其是主要责任者，成为维护著作者知识产权的重要一环。这不仅有助于防范知识盗用和侵权行为，更在推动学术创新和激发作者积极性方面发挥着关键的作用。

通过清晰标识主要责任者，著录系统为图书的知识产权提供了清晰而可追溯的归属。主要责任者通常是对图书内容作出最重要贡献的个体，他们的创作是知识产权的核心。通过准确记录主要责任者的信息，不仅为著作者在学术界的地位提供了认可，也为其知识产权提供了法律上的保护。这种明确的著作权归属有助于防范他人对作者创作成果的侵权行为，为知识的创造和传播提供了有序的法律框架。

维护知识产权通过防止知识盗用和侵权行为，促进技术创新。在一个公正、透明的著录系统中，作者对于自己创作的拥有权利的认知会得到加强。这种权利的保护使得作者更加有信心探索新领域、提出新理论，而不必担心其成果被滥用或篡改。维护知识产权为学术界营造了一个安全、有序的环境，激发了学者们进行更为深入、创新性的研究工作。

维护知识产权对于保护作者的积极性和创作热情具有显著作用。在一个能够充分尊重作者权益的环境中，作者更愿意投入时间和精力进行深度研究和创作。知识产权的保护可以确保作者能够合理获得其创作的经济利益和学术声誉，这从根本上保障了作者的创作热情和积极性，推动了学术领域的健康发展。

维护知识产权通过正确识别和记录责任者信息，特别是主要责任者，为图书著录体系构建了清晰的知识产权框架。这种框架有助于防范知识盗用和侵权行为，推动学术创新，同时也保护和激发了作者的积极性。

（二）主题字段的角色

1. 主题字段的核心作用

主题字段作为图书著录中的核心元素，在整个图书信息体系中扮演着至关重要的角色。其核心作用在于准确地反映了图书的主要内容，为读者提供了对图书主题、议题、关键信息和核心思想的全面认知，从而显著提高了文献检索的效率。

主题字段通过提供对图书主题的准确描述，为读者提供了直观而全面的了解。这一字段不仅仅是对图书内容的概括，更是对其核心思想和主要议题的明确呈现。通过正确记录主题信息，读者能够在瞬间了解到图书所涉及的核心概念，这对于信息检索和学术研究至关重要。一个清晰而准确的主题字段使得读者能够迅速判断图书是否符合其研究或阅读需求，从而提高了文献检索的精准性和效率。

主题字段在整个图书信息体系中充当了枢纽的角色，连接了图书的各个元素。通过主题字段，读者能够迅速获取到关于图书内容的综合信息，而无需深入阅读全文。这对于研究者在大量文献中迅速找到符合其研究兴趣的文献具有重要意义。主题字段的核心作用在于为读者提供了一个直接而高效的路径，使其能够快速、准确地找到所需信息，为学术研究提供了便捷的条件。

主题字段的正确运用也有助于构建更加智能化的图书信息检索系统。通过对主题字段的深度分析和合理应用，可以为图书信息系统的发展提供更多的数据支持。这不仅有助于推动图书信息技术的创新，更为图书著录体系的完善和发展提供了有力的推动力。

2. 辅助字段对主题的补充

除了主题字段，图书著录中的其他辅助字段如并列题名等起到了对主题的有力补充作用。这些辅助字段提供了关于图书多方面内容的信息，丰富了读者对图书的认知，使其能够更全面、深入地理解图书的多维度特征。这对于跨学科研究和广泛阅读提供了重要的支持，推动了学术信息的全面传递与利用。

辅助字段如并列题名为读者提供了与主题相关的多个题名。这种信息的呈现使得读者可以了解到图书涉及的多个方面或层面。并列题名的使用特别适用于那些主题复杂、涵盖面广的文献。通过对这些题名的展示，读者可以更加全面地了解图书所包含的内容范围，从而更好地判断图书是否符合其研究或阅读需求。

其他辅助字段如责任者字段也为主题提供了更为具体的背景信息。主要责任者和次要责任者的身份和贡献角色有助于读者更全面地理解图书的制作过程。对于学术研究者而言，了解责任者的信息还能够为他们对图书内容的可信度和权威性提供参考。这种多维度的信息交叉使得读者在对图书主题进行深入理解时，有更为全面和细致的背景支持。

其他辅助字段还包括出版者、出版地、出版年等信息，这些都为读者提供了图书更为全面的背景信息。例如，出版地字段提供了图书印刷或发行的地点，这有助于读者了解图书的地域背景和文化环境。这对于进行地域性研究或了解特定文化特色的读者至关重要。这些附加信息在丰富图书的内容特征的同时，也为读者提供了更为全面和深刻的认知。

辅助字段在图书著录中的作用不可忽视。它们通过为主体提供丰富的、多维度的信息，使得读者能够更全面、深入地理解图书的内容特征。这对于促进跨学科研究和提高广泛阅读的效果具有显著的学术价值。

3. 主题字段与知识传播

主题字段在知识传播中扮演着至关重要的角色，其准确描述图书主题的功能不仅推动了学术交流与合作的发展，同时也为广大读者提供了选择性阅读的有效依据，确保他们能够迅速找到符合需求的文献。

主题字段通过准确描述图书的核心内容，为学术交流与合作提供了有力的支持。在学术界，研究者们经常需要查阅和借鉴他人的研究成果，而主题字段正是连接研究者与文献的纽带。通过明确主题，研究者们能够更加精准地定位到与其研究领域相关的文献资源，推动了学术交流的深入与广泛。这种有效的信息传递有助于学术研究者更加迅速地获取到最新领域的研究成果，促进了学术合作和知识传播的加速发展。

主题字段通过为读者提供了选择性阅读的依据，确保了他们能够快速找到符合需求的文献。在信息爆炸的时代，读者面临海量的文献资源，如何迅速准确地找到所需信息成为一个重要问题。主题字段的存在使得读者可以通过关注图书的核心议题，轻松筛选出与其研究方向或兴趣相关的文献，提高了信息检索的效率。这对于广大读者而言，尤其是在特定领域进行深入研究的学者，具有较大的实用价值。

主题字段的运用也为知识传播提供了更为智能化的途径。随着信息技术的发展，基于主题字段的智能检索系统不断涌现，使得读者能够更加便捷地利用主题信息进行文献检索。这种智能化的知识传播方式不仅为学者提供了更多便捷的工具，同时也推动了图书信息管理系统的不断创新和完善。

主题字段在知识传播中的关键作用体现在它为学术交流与合作提供了有效支持，同时为广大读者提供了选择性阅读的依据。这一字段的正确使用不仅促进了学术领域的研究与合作，也满足了读者对于信息快速获取的需求。

（三）出版项字段的角色

1. 出版项字段的历史背景

出版项字段的历史背景深植于图书的产生和传播历史，其演变与图书业的发展、社会文化的变迁密切相关。在图书史的长河中，出版项字段的形成和规范化反映了人们对于图书信息组织和传播的不断追求和完善。

最早期，随着印刷术的发明和传播，图书的出版变得更加规模化和商业化。然而，在这个时期，对于出版信息的记录主要停留在书名、作者和印刷地等基本层面，因为印刷术的应用本身已经是一项革命性的进步。此时，人们对于出版信息的需求主要集中在图书的制作和交易方面，较少强调图书出版的历史和时代背景。

随着时间的推移，特别是在图书产业逐渐成熟的过程中，人们对于图书的关注点逐渐从单一的印刷史实转向了更为全面的出版历史。19世纪末20世纪初，图书著录系统逐渐建立，其中出版项字段开始规范化，包括了更多关于图书出版的信息，如出版者、出版地、出版年等。这一规范的出版项字段的建立，一方面反映了图书市场的需求，另一方面也使得读者和研究者能够更加全面地了解图书的来源和历史。

在这一时期，图书作为信息的传播媒介愈加重要，人们开始更加关注图书的出版历史和文化脉络。出版项字段的规范化和完善，为读者提供了更多的历史信息，帮助他们更好地理解图书的时代背景。尤其对于历史学、社会学等领域的研究者而言，这些信息成为考察特定历史时期社会、文化变迁的珍贵资料。

在当代，随着数字化技术的飞速发展，出版信息的记录和传播方式发生了深刻的变革。电子书、在线出版等新型图书形式的出现，使得传统的出版项字段在某种程度上面临重新思考。然而，即便是在数字化时代，对于图书的出版历史仍然具有重要的参考价值，因为它涉及知识的溯源和文化的传承。

2.出版项字段与图书权威性

出版项字段作为图书著录信息的一部分，对于评估图书的权威性和可信度具有重要作用。通过出版项字段，读者能够追溯到图书的出版机构，进而形成对于图书来源和出版质量的初步判断。这一过程对于学术研究中对文献真实性的要求至关重要。

出版项字段中的出版者信息提供了关于图书的出版机构和责任主体的核心数据。出版机构的声誉和历史，往往与其所出版的图书的质量和学术水平直接相关。通过查看出版者信息，读者可以了解到图书的背后是一家具备一定学术实力和专业水平的出版机构，还是一家声望较低、权威性不足的机构。这有助于读者对于图书的权威性进行初步判断，特别是在面对大量文献时，可以帮助他们优先选择那些具备较高权威性的图书。

通过出版项字段中的出版地和出版年等信息，读者还能够获取到有关图书制作和出版过程的更为详细的背景资料。这些信息不仅提供了对于图书的时代背景和文化环境的了解，同时也帮助读者判断图书是否符合其研究领域的要求。特定的出版时间和地点可能与图书所探讨的主题相关，或者反映了特定时期的学术潮流，这对于进行学术研究和深入了解文献的背景具有重要意义。

出版项字段在评估图书权威性和可信度方面扮演着关键的角色。通过清晰记录图书的出版信息，读者能够通过对出版机构声誉、出版时间、地点等维度的分析，形成对图书的综合评价。这对于学术研究者在选择文献、构建理论框架时具有指导性作用，同时也有助于确保学术研究的真实性和可靠性。

3. 出版项字段与研究方法

出版项字段在研究方法中的作用至关重要，尤其对于一些强调时代背景的学科如历史学、社会学等而言，正确了解出版项信息是进行深入研究的前提之一。这一信息提供了研究者有关图书产生时的历史、文化背景以及社会环境的重要线索，对于保证研究的准确性和可信度具有重要的意义。

通过出版项字段中的出版地信息，研究者可以了解到图书的印刷或发行地点。这对于历史学研究者而言尤为重要，因为地域性的差异可能会在图书中反映出不同的历史和文化特征。特定的出版地可能与作者的所在地或图书所涉及的主题有直接关系，这为研究者提供了更为具体和深刻的历史背景。

出版年信息是了解图书产生时代的重要参考。对于社会学家和历史学者而言，图书所处的时代背景直接关系到其所研究的社会、文化现象的解读。通过出版年信息，研究者可以追溯到图书问世的确切时间，了解作者在某一时期的观点、态度，同时也能够与其他社会事件相互印证，使得研究者更好地理解图书在其时代的意义。

通过出版者信息，研究者能够了解到图书的出版机构、编辑团队等相关信息。这对于研究者评估图书的学术质量和权威性具有重要作用。一家有着良好声誉和专业水平的出版机构所出版的图书，可能更具有学术价值和可信度。通过对出版者信息的考察，研究者能够更全面地了解图书的制作过程和学术传承，有助于保证研究的准确性和可靠性。

出版项字段为研究方法提供了必要的历史和文化背景信息，特别是对于强调时代因素的学科而言更显得至关重要。通过准确了解出版地、出版年、出版者等信息，研究者能够更深入地把握图书产生的时代脉络，为研究提供有力支持。

第四章　著录方式的选择与应用

第一节　无层次单册图书

一、无层次单册图书的特点

无层次单册图书以其内容层次的多样性和丰富性而引人注目。在这类图书中，我们经常发现多个著录层次的存在，包括主要责任者、次要责任者、主题，以及出版项等。这种结构使得图书不仅仅是单一作者的创作，更可能是多位作者的协作成果或者一位作者对多个主题的深度涉猎。

（一）无层次单册图书的多层次结构

无层次单册图书以其内容层次的多样性和丰富性而引人注目。这种图书的独特之处在于其结构不仅包括主要责任者和主题，还涉及次要责任者和出版项等多个著录层次。这多层次的结构反映了图书的多元性，可能是多位作者的共同协作成果，也可能是一位作者对多个主题的深入涉猎。这种层次丰富的结构使得图书更具有知识的层次性和系统性。

1. 主要责任者的标识

无层次单册图书中主要责任者的准确定位是图书结构的关键因素。主要责任者的标识不仅提供了对图书核心创作者的直观了解，也为读者建立对图书内容和主题的基本认知奠定了基础。在单一作者的情况下，这一著录层次清晰地表达了图书的中心思想和独特贡献，使读者能够迅速把握到作者的观点和独特视角。这有助于读者在短时间内判断图书是否符合其需求，提高了信息获取的效率。

对于多位作者合作的图书，主要责任者的标识更是具有重要意义。这一著录层次为读者提供了对各作者在图书中的不同角色和贡献的清晰认知。多位作者可能来自不同学科领域，具有各自的专业背景和独特视角。通过准确标识主要责任者，读者可以更全面地了解到图书的知识体系和融合多学科的特点。这有助于读者更深入地理解图书所呈现的复杂主题，为其提供更全面的学科视角。

主要责任者的标识也在一定程度上反映了图书的学术深度和权威性。如果主要责任者是在特定领域内的权威人物，这为图书增添了学术信誉。读者在选择图书时往往会考虑到作者的学术背景和研究经验，而主要责任者的标识为读者提供了关键的信息。这有助于读者在众多图书中进行有针对性的选择，选择符合其学术水平和需求的著作。

主要责任者的标识也为图书的编目和索引提供了基础。在图书目录中，对主要责任者的清晰标识使得读者能够方便地查找其感兴趣的作者的其他著作。这有助于读者更系统地了解某一作者的学术观点和研究方向。此外，对主要责任者的标识也为图书馆等机构管理图书资源提供了便捷的信息检索工具，提高了资源管理的效率。

2.次要责任者的涉及

次要责任者的著录为无层次单册图书增加了结构的深度。这一层次的责任者可能在图书的特定方面或专题上发挥了关键作用，通过对其身份的明确标识，读者能够更全面地了解图书的不同层面。这种深度的结构设计为读者提供了多层次、多视角的阅读体验，使得图书更为立体和具有层次感。

次要责任者的涉及拓展了读者对图书内容的认知。在多层次的结构中，次要责任者可能对特定章节、主题或专题有深入的研究，其贡献在图书中具有独特性。通过明确主要责任者的身份，读者可以有选择地深入了解图书的某个方面，获取更详细和专业的信息。这种深度的涉及使得图书更为丰富，有助于读者在特定领域内深入挖掘知识。

次要责任者的涉及为读者提供了多元的视角。在多层次结构中，次要责任者可能来自不同的学科背景，拥有各自独特的专业视角。通过了解这些次要责任者的身份，读者可以更好地理解到图书内容的多样性和涵盖面。这有助于读者在不同学科领域间建立关联，形成更全面的知识体系。

次要责任者的涉及也反映了图书内容的多样性和深度。在多层次结构中，每位次要责任者可能在图书的不同方面贡献了独特的见解和观点。这使得图书更具有全面性和复杂性，为读者提供了更为深入和广泛的知识体验。主要责任者的涉及不仅为图书的内容增添了层次，同时也使得图书更贴近学科领域的前沿和专业发展。

次要责任者的涉及在无层次单册图书的结构中具有重要的作用。通过对图书结构的深度和多样性的拓展，主要责任者的明确定义为读者提供了更为立体和多元的阅读体验。这种结构设计不仅满足了读者对图书内容深度挖掘的需求，同时也展现了图书内容的多层次性和专业性。

3. 出版项的标识

出版项的标识在无层次单册图书的结构中扮演着关键的角色。通过准确记录出版地、出版社和出版日期等元素，这一层次的著录为读者提供了对图书出版过程的详细了解。这些信息不仅是图书的身份证明，同时也是读者对图书可信性和权威性的评估基础。通过出版项的标识，读者能够建立对图书在学术界的地位和历史地位的基本认知。

出版项的标识为读者提供了对图书出处的重要线索。出版地和出版社的信息反映了图书的地域和机构背景，而出版日期则标志着图书问世的具体时间。这些线索有助于读者理解图书产生的文化和社会背景，从而为深入理解图书内容提供了更为全面的背景信息。这种深入了解有助于读者更好地把握图书的学术价值和研究意义。

出版项的标识为读者追溯图书的出版历史提供了重要工具。通过了解图书的出版地和出版社，读者可以获取关于图书在不同地区和出版机构的传播渠道的信息。同时，出版日期也反映了图书在不同时期的研究状况和学术背景，为读者提供了对图书研究历程的整体把握。这种出版历史的追溯使得读者更能够了解图书的学术演变过程，形成对图书发展轨迹的全面认知。

出版项的标识是图书整体框架的一个重要组成部分。在无层次单册图书的结构中，出版项的信息为图书的框架提供了时间和地域的坐标。这使得图书不仅仅是一份学术内容的堆砌，同时也是一个具有历史和文化背景的完整实体。读者通过这一著录层次能够更好地理解图书的学术内涵和文化价值，形成对图书整体框架的综合认知。

出版项的标识在无层次单册图书的结构中具有重要的学术和阅读价值。通过准确标识出版地、出版社和出版日期等信息，这一著录层次为读者提供了深入了解图书的出版历史、学术背景和文化内涵的机会。这种全面而细致地信息获取为读者在图书阅读过程中提供了更为深刻和有层次的体验。

（二）跨学科综合性质

这类图书通常是综合性的著作，涉及跨学科领域，将不同专业背景的知识融合在一起。主要责任者和次要责任者的明确定义了各位作者在图书中的贡献，使读者能够清晰地辨认不同作者的观点和专业领域。这种综合性质使得图书成为一个跨足多学科的知识交汇点，为读者提供了更全面的学科视角。

1. 主要责任者在跨学科图书中的关键角色

跨学科图书的主要责任者在整合知识方面扮演着关键的角色。这类图书通常由来自不同学科领域的专家合作完成，主要责任者的身份标识有助于读者了解到图书的主导学科和核心观点。主要责任者可能是相关领域内的权威人物，通过协同合作，他们成功地汇聚了多领域的知识，使得图书呈现出更为全面和综合的学科视角。

主要责任者的准确定义对于读者而言，是深入理解图书内容的关键。他们的专业身份和独特贡献将直接影响到图书的整体学术质量。这也为读者提供了信任的基础，因为能够清晰识别出主要责任者，读者可以对图书的学术价值和可靠性有更为明确的认知。

这种清晰的责任者身份标识不仅有助于读者迅速理解图书的学科背景，同时也为学术界的同行评价提供了基础。通过主要责任者的身份确认，其他学者可以更容易地追踪和评估图书的学术贡献。这有助于加强学术界对跨学科图书的认可和交流，推动相关领域知识的交叉融合。

主要责任者在跨学科图书中的准确定义不仅使读者能够迅速了解图书的主导学科和核心观点，还为学术界的同行评价提供了明确的依据。他们在整合知识、汇聚专业视角方面的关键角色，为这类图书的学术贡献和影响力奠定了坚实的基础。

2. 次要责任者的专业性丰富了图书的内容

跨学科图书的主要责任者涉及多个专业领域，从而丰富了图书的专业性。由于图书可能包含多个专业领域的贡献者，主要责任者的明确定义使读者更好地理解到各个学科领域在图书中的结合和互动。这些责任者可能是在特定领域有深入研究的专业人士，通过其贡献使得图书更具有多元化和全面性。

跨学科性质意味着图书内容不受单一学科的限制，而是通过多个专业领域的融合展现。主要责任者的涉及使得读者能够深入了解到各个专业领域的观点，拓展了他们对图书内容的认知。这种专业性的涉及有助于构建一个跨足多学科的知识平台。

在这个多学科的背景下，主要责任者的专业性贡献是不可或缺的。他们可能代表不同的研究领域，为图书增添了更为具体和专业的内容。这些专业观点的整合不仅使得图书更具深度，也提供了更多学科交汇的机会。

跨学科图书中主要责任者的专业性贡献丰富了图书的内容，使其更具多元性和全面性。这种多学科的贡献不仅拓展了读者对图书内容的认知，也为学术研究提供了更为全面的视角。

3. 跨学科性质使图书成为知识融合的平台

跨学科图书的主题和内容的跨学科性质使其成为一个知识融合的平台。通过清晰标识主题字段，读者可以直观地了解到图书涉及的不同学科领域，为他们提供全面的学科视角。这种跨学科性质使得图书更具吸引力，适用于广泛的读者群体。

图书的主题字段的清晰标识为读者提供了对图书核心议题的直观理解。主题字段在每个著录层次都得到了具体标识，包括主要责任者、次要责任者等，使得图书的主题更为全面、精确。通过主题字段，读者可以在不同层次上获取关于图书核心议题的信息，为其提供深入了解的途径。

跨学科性的图书在这个平台上汇聚了来自不同学科领域的知识和观点，为读者提供了一个多元且全面的学科视野。这使得图书成为一个引人注目的知识融合平台，吸引了广泛的读者群体，包括学术研究者、专业人士以及对多学科知识感兴趣的一般读者。

除了为读者提供多元的学科信息外，跨学科图书还为不同学科领域的专业人士提供了一个共同的学术平台。这种平台促进了学科间的交流和合作，为不同领域的研究者提供了一个相互学习和启发的空间。图书作为这个知识融合的平台，有助于打破学科壁垒，促使不同领域的知识得以交汇和共生。

跨学科图书的跨学科性质使其成为一个知识融合的平台，既吸引了广泛的读者，又为不同学科领域的专业人士提供了一个共同的学术平台，促进了学科交流和合作。这种多维度的功能使得图书在学术研究和知识传播方面发挥着独特而重要的作用。

（三）主题的多样性与知识覆盖广度

无层次单册图书中主题的多样性使得图书更具有广泛的知识覆盖，满足读者对不同领域的需求。每个层次的主题都可能涵盖不同的学科领域，从而使得图书在知识内容上呈现出多维度和多角度。读者可以通过逐层深入的方式，获取更加翔实和全面的信息，提高对多学科内容的理解。

1. 主题字段的清晰标识与图书核心议题的直观理解

在无层次单册图书中，主题字段的清晰标识为读者提供了对图书核心议题的直观理解。这种标识在每个著录层次得到详细展示，其中包括主要责任者和次要责任者等关键信息。这种清晰的标识不仅为读者提供了图书的主题概览，还使图书的主题更为全面和精确。

主题字段的标识在图书著录的各个层次都得到了重视。主要责任者的标识涵盖了图书的核心创作者，而次要责任者的标识则进一步丰富了图书的专业性。这种清晰的标识有助于读者在图书的多个层次上获取关于核心议题的信息，提供了深入了解图书内容的途径。

通过主题字段的清晰标识，读者能够迅速理解图书的主要议题，无需深入研读全文。这种直观地理解有助于提高读者对图书的阅读效率，使其能够更有针对性地选择符合自己需求的信息。图书主题的清晰标识为读者提供了一个方便、直观的导向，引导他们更深入地了解图书的核心内容。

无层次单册图书中主题字段的清晰标识为读者提供了对图书核心议题的直观理解。这种标识不仅有助于读者快速了解图书的主要内容，还为其提供了更深入了解的途径，提高了对图书的阅读效率。这种图书著录的方式为读者提供了更加便捷和有益的阅读体验。

2. 各层次主题的多样性与知识广度

无层次单册图书中各层次主题的多样性显著增加了图书的知识广度。在每个著录层次，不同的主题都可能被深入探讨，而这些主题可能涉及多个学科领域。这多学科的涉猎为读者提供了一个跨足多领域的学科交汇点，使得图书内容更为全面和立体。这种多样性的设计使得读者能够在同一本书中获取不同领域的知识，满足他们对多学科信息的广泛需求。

各层次主题的多样性为图书赋予了更大的知识广度。在主要责任者、次要责任者以及其他著录层次，图书涵盖的主题可能有所不同，反映了作者们在不同领域的专业背景和兴趣。这种多样性既拓展了图书的知识深度，又使得图书具有更广泛的适用性。

这一多样性的设计对于满足读者对多学科信息的需求至关重要。读者能够在同一本图书中获取涉及不同领域的信息，而无需查阅多个单一学科的书籍。这为读者提供了更为便捷和高效地获取知识的途径。此外，这种跨学科的设计也促进了不同学科之间的交流和融合，有助于构建更为全面的学科体系。

无层次单册图书中各层次主题的多样性增加了图书的知识广度。这样的设计使得图书更具吸引力，适用于不同学科背景和兴趣领域的读者。图书所涵盖的多学科信息不仅满足了读者对知识广度的追求，同时也为他们提供了更全面、更丰富的阅读体验。

3. 层层递进的主题深度与广度

无层次单册图书通过层层递进的方式，精妙地展现了主题的深度和广度。这种独特的结构为读者提供了一种逐级深入的学科体验，使其能够全面了解图书所涉及的各个层次的主题信息。这种层级结构既有助于图书的深度讨论，又能够涵盖广泛的知识领域，为读者提供了更为系统和有层次感的阅读体验。

在每个著录层次，图书通过清晰标识主题字段、主要责任者、次要责任者等元素，为读者提供了逐步深入的路径。这种逐级深入的设计使得读者能够更加有针对性地获取信息，根据自己的需求和兴趣逐步深入到更为专业和翔实的领域。读者可以选择跳跃式阅读，也可以逐级深入，因此，图书的结构在满足不同读者的需求上显得非常灵活。

此外，层层递进的结构也为图书的编目和索引提供了便利。通过按层次编排的主题，图书目录更为清晰，读者能够方便地选择他们感兴趣的主题领域。这为图书的有效推广和使用提供了有力支持。

无层次单册图书通过层层递进的方式，成功地将主题的深度和广度相互融合。这种结构为读者提供了全方位的学科体验，使图书的阅读更富有层次感，不仅满足了读者对深度信息的追求，也为其提供了广泛的知识涵养。这样的设计为图书的学术和实用价值增添了新的层次。

二、如何著录无层次单册图书

（一）著录责任者字段

在著录责任者字段的工作中，我们首要任务是明确标识主要责任者。这通常是图书的主要创作者，即对整体内容有着最为重要贡献的个人。这可能是一个独立的作者，也可能是多个作者合作创作的成果。此外，次要责任者的著录也是必不可少的，其中可能涉及编辑、译者等不同角色。明确每位责任者在图书中的具体贡献是关键的，这有助于读者更深入地了解各自责任者的专业领域，从而形成对图书内容更全面的认知。

1. 主要责任者的标识

在著录中标识主要责任者是确保读者对整体图书贡献最大的人物有清晰认知的关键步骤。这一过程要求著录员对作者的具体贡献和地位有深刻的理解，以便为读者提供准确而全面的信息。

主要责任者通常是对整体图书内容有着最为显著贡献的个人，可能是独立的作者，也可能是多位作者合作创作的成果。在标识主要责任者时，需要审慎考虑每位作者的具体贡献，并明确他们在整体创作过程中的地位。这涉及对作者在图书中所担任的角色的准确定义，从而确保读者能够清晰地辨认出谁是对整体图书贡献最大的人物。

关键在于理解每位责任者的专业领域，以便能够准确地反映他们在图书中的具体贡献。这种专业领域的说明有助于读者更全面地理解各个责任者在图书中的角色，从而提高对图书内容的理解深度。

在著录中，主要责任者的标识不仅是为了满足知识产权的要求，更是为了使读者能够在众多图书中迅速找到并理解对整体内容贡献最大的人物。这有助于读者更全面地认知图书的核心思想和主要创作者，从而提高图书信息的可读性和知识传递的效率。

标识主要责任者不仅仅是一种著录规范，更是对图书知识产权的维护和对读者知识需求的满足。这一过程需要著录员具备对图书内容深刻的理解和对著录规范的熟悉，以确保著录的准确性和专业性。

2. 次要责任者的明确角色

在著录中，对主要责任者的详细注明是确保读者全面了解整体创作过程的关键环节。主要责任者在图书制作中扮演着多种不同的角色，这涉及编辑、译者等专业领域，对其角色的明确著录有助于读者深入理解图书的多元贡献。

对编辑的具体角色的明确是至关重要的。编辑在图书制作中可能承担内容整合、结构调整以及语言风格的优化等任务。著录中需要详细说明编辑在整体创作过程中所做的贡献，以便读者了解图书的整体呈现形式和组织结构。

对于译者的著录同样需要突出其在图书制作中的独特贡献。译者在多语言图书的创作中发挥着关键作用，他们通过将原文转化为其他语言，为读者提供了跨文化、跨语言的阅读体验。明确注明译者的角色有助于读者理解图书的多语言版本，使其能够更全面地认识到图书在不同语境中的呈现形式。

对其他可能涉及的次要责任者，如插图设计师、校对员等，也需要进行明确的著录。他们在图书制作过程中的专业性贡献同样为图书的整体品质提供了保障。翔实的著录有助于读者对整个图书制作团队的构成有更为清晰的认识，为图书多元贡献提供了清晰的信息。

在整体著录过程中，对次要责任者的详细著录不仅是对图书制作过程的记录，更是对图书多元性贡献的呈现。通过明确注明每个次要责任者在创作中的角色，读者能够更深入地理解整个图书的形成过程，感知到不同专业领域的交汇与融合。

3.作者贡献的专业领域说明

在著录责任者字段时，不仅要标识责任者，还要简要说明他们的专业领域，这一步骤对于读者更全面地理解各个责任者在图书中的角色至关重要。每位责任者所代表的专业领域不仅是对其个人学术背景的概括，更是为读者提供了对图书内容的深层次理解，促使读者更有针对性地选择符合其需求的文献。

标识主要责任者时，应详细注明他们的学科专业领域。例如，如果主要责任者是一位历史学家，那么在责任者字段中可以简要说明其专业背景，指出其在历史学领域的专业性。这样的说明有助于读者在初步了解责任者身份的同时，更准确地推测出图书的主题和内容。

对于次要责任者，同样需要注明其专业领域。次要责任者可能涉及编辑、译者等，而他们的专业性对于图书整体质量和多元贡献至关重要。通过简要说明编辑的编辑学背景或译者的语言学专业，读者能够更清晰地了解他们在整体创作过程中所承担的角色。

这种对责任者专业领域的说明有助于打破学科间的壁垒，促使读者更全面地理解图书内容。例如，一本涵盖多个学科领域的图书可能会有来自不同专业领域的责任者，通过简要说明各责任者的专业背景，读者可以更好地理解图书内容的跨学科性质。

在整个著录过程中，对责任者专业领域的说明既是对责任者个体学术贡献的尊重，也是对读者知识需求的贴切回应。这种著录方式有助于提高读者对图书内容的理解深度，促进多学科的交叉阅读，同时为读者提供更为清晰的选择标准。

（二）著录主题字段

主题字段的著录是确保读者能够准确理解图书核心内容的关键步骤。这需要对图书整体主题进行深入分析，理解各个层次的主题如何交织在一起，形成整体的知识网络。在这一过程中，关键是突出主题的独特性，使读者能够在众多图书中快速找到满足其需求的信息。

1. 主题的全面性著录

主题的全面性著录是图书著录过程中的一个重要环节，其核心在于对图书整体主题进行深度分析，并确保各个著录层次中的主题之间相互关联，以便每个主题都能得到充分的呈现。这一过程旨在为读者提供一个全面而准确的图书主题框架，使其能够迅速理解图书的核心议题和关键信息。

全面性著录要求对图书的主要责任者所呈现的主题进行仔细解读。主要责任者通常是对图书内容有最大贡献的人物，其专业领域和学术背景将直接影响图书的主题。在著录时，需要突出主要责任者对图书的核心思想的贡献，以确保读者能够迅速把握到图书的主要研究方向。

对于次要责任者的主体贡献也需要得到充分考虑。次要责任者可能包括编辑、译者等，他们的专业性会为图书增添多元视角。全面性著录要求明确主要责任者在图书中所涉及的主题，确保读者能够理解图书内容的多层次性和多元性。

主题的全面性著录还需要对图书整体结构中涉及的并列题名进行深入剖析。并列题名通常反映了图书多个相关主题，通过著录这些题名，读者可以更全面地了解图书的内容范围，为其深入研究提供更多可能性。

在出版项字段的著录中，也包含了与图书主题相关的信息，如出版地、出版年等。这些信息有助于读者了解图书的时代背景和地域背景，为其更全面地理解图书提供了支持。

2. 突出主题的独特性

在著录主题字段时，突出主题的独特性是为了使读者能够清晰地了解图书相较于其他作品的独特贡献和价值。这一步骤在图书著录中具有重要意义，旨在为读者提供对图书核心议题的深入理解，并突显该图书在学术领域中的特殊地位。

对于主要责任者所呈现的主题，需要深入挖掘其独特性。主要责任者通常是对图书内容有最大贡献的人物，其独特的学术观点、研究方法或者创新性的思考将直接影响图书的主题独特性。在著录主题字段时，应强调主要责任者的独特贡献，使读者能够理解为何该图书在相关领域中具备独特价值。

对于次要责任者的主体贡献，同样需要关注其独特性。次要责任者可能带来不同的学科视角或者专业领域的独特见解。通过著录次要责任者所涉及的主题，读者可以更清晰地认识到图书内容的多元性和独特性。

对于并列题名的著录也需要注重突显主题的独特性。并列题名通常反映了图书多个相关主题，而每个题名都有其独特之处。在著录这些题名时，应强调每个题名所涵盖的独特内容，以确保读者能够全面了解图书的多方面特点。

在整体的主题目录中，对于图书整体结构所涵盖的主题，也应突出其独特性。这包括对图书整体思想、理论框架或者研究方法的独特之处的明确呈现，使读者对图书的独特价值有更深入的认识。

通过突出主题的独特性，图书著录不仅是对作者贡献的准确展示，更是为读者提供了一个清晰的图书特色导览。这种突出独特性的著录方式有助于提高读者对图书内容的理解深度，使其能够更好地评估图书在学术领域中的独特价值，从而更有针对性地选择和利用文献资源。

3.信息交叉点的融合

信息交叉点的融合在图书著录中具有关键性的作用，特别是在主题字段的各个层次。这一融合的过程旨在考虑各个主题之间的交叉点，将它们有机地结合在一起，构建一个连贯而深入的知识网络，为读者提供更深层次的学科理解。

对于主要责任者所呈现的主题，融合是通过综合其学术观点和研究方法实现的。这意味着要考虑主要责任者在图书中涉及的各个主题之间的内在联系，以形成一个相互支持和补充的整体。通过交叉点的融合，读者可以更清晰地理解主要责任者对多个主题的综合性贡献，进而形成更全面的学科认知。

次要责任者的贡献也需要在信息交叉点得到融合。这包括考虑编辑、译者等责任者在整体创作过程中如何将不同主题有机地连接在一起，形成一个多元而协调的知识网络。通过交叉点的融合，读者可以更好地理解次要责任者对于图书多个主题的整合性贡献，从而拓展对图书内容的全面理解。

并列题名所涉及的多个主题也需要在交叉点进行融合。这包括对不同题名之间的内在联系进行深入分析，强调它们之间的共性和互补性。通过这种方式，读者可以更充分地理解图书所包含的多个主题，并在信息交叉点处建立起更为丰富的知识关系。

在整体主题目录中，考虑如何在各个层次上进行信息交叉点的融合，以形成一个有机而紧密相连的知识网络。这包括对图书整体结构中各个主题的内在联系进行梳理，使其形成一个相互关联、互为支持的整体。通过这样的融合，读者可以更深层次地理解图书所涉及的学科内涵，提高对整体知识结构的感知。

（三）著录出版项字段

出版项字段提供了关于图书的出版信息，包括出版者、出版地、出版年等。

在著录时，需要确保提供完整而详细的信息，以便读者了解图书的历史和形成背景。这有助于读者更好地评估图书的权威性和时效性，同时对于一些历史性研究或者了解作者创作背景的读者来说，这些信息显得尤为重要。

1. 完整信息的提供

出版项字段在图书著录中具有至关重要的角色，其提供的完整出版信息是读者理解图书历史和形成背景的关键窗口。其中，出版项字段需要包括出版者的名称、出版地的明确标识以及出版年份的准确著录，以确保读者获得全面而可靠的图书信息。

出版者的名称是出版项字段中的一个重要元素。标识出版者的名称有助于读者了解图书的背后组织或个人，从而对图书的权威性和可信度进行评估。出版者往往代表了一定的学术背景或出版水平，因此准确著录出版者的名称有助于读者更好地了解图书的学术来源和出版环境。

出版地的明确标识也是不可或缺的。出版地是指图书印刷或发行的具体地点，这一信息有助于读者了解图书的地域背景、文化环境以及可能存在的地方特色。通过明确标识出版地，读者可以更全面地理解图书与特定地域相关的历史、社会或文化背景，进而对图书内容有更深入的认知。

出版年份的准确著录是出版项字段的另一个关键要素。出版年份标识了图书的出版年份，为读者提供了一个时间参考点。这对于研究特定历史时期或跟踪作者思想发展的读者尤为重要。准确著录出版年份有助于读者明确图书的时代背景，使他们能够更好地理解图书在历史时间轴上的定位。

在整个著录过程中，确保提供图书的完整出版信息是维护图书著录质量的基本要求。这不仅有助于读者全面了解图书的历史和形成背景，也为评估图书的权威性、可信度提供了可靠的参考依据。

2. 历史和形成背景的关键信息

历史和形成背景的关键信息在图书著录中的详尽著录对于读者深入理解图书至关重要。这一字段提供了有关图书的出版历史、地域背景以及形成过程的关键信息，为读者提供了更全面、深入的视角，使其能够更准确地理解图书的演变过程。

历史和形成背景的关键信息通过出版者、出版地和出版年等元素的著录，使读者能够追溯图书的出版历史。了解图书的出版历史有助于读者了解该作品在某一时间点的学术背景、社会环境和文化氛围，为深入研究提供了时间线的参照。

这对于一些历史性研究尤为关键，因为它们要求研究者对特定时期的知识和观点有深入的了解。

地域背景的著录为读者提供了图书所处地域的文化、社会、历史背景。这对于理解图书内容中可能包含的地方特色、文化元素以及作者受到的影响至关重要。特别是对于人文社会科学领域的研究，地域背景的详尽著录有助于读者更好地理解图书内容的上下文。

形成背景的关键信息包括图书的创作背景、作者的动机和影响因素等。这些方面的著录使读者能够了解图书产生的原因，作者在创作时所受到的各种因素，从而更好地理解图书的目的和意义。对于研究者而言，这为选择合适的研究方法提供了重要线索，有助于建构研究框架和问题设定。

第二节　多卷册图书

多卷册图书是指一个完整的著作被分成多个卷册出版。在进行编目和著录时，需要特别关注卷册之间的逻辑关系、主题内涵，并确保编目的一致性和完整性。

一、编目多卷册图书的注意事项

（一）逻辑关系的把握

在编目多卷册图书时，逻辑关系的把握是非常重要的，包括对各卷之间的顺序、衔接和依赖关系的全面了解。确保能够清晰地表达各卷之间的逻辑连接，使读者能够更好地理解整个著作。在逻辑关系的把握过程中，需要注重以下几个方面：

1.顺序和衔接

编目多卷册图书时，合理的卷册排列顺序至关重要。这一顺序应当能够自然而流畅地过渡，以确保读者能够轻松地理解著作的整体结构和发展。在确定卷册的排列顺序时，考虑到卷册之间可能存在的逻辑关联，如主题的发展、时间线的推移等，是确保顺序性合理的关键因素。

卷册之间的时间线或主题演进关系应当在编目中得到充分反映。如果著作在卷册之间呈现了一定的时间轴或主题的连贯演进，这些关系应当清晰地体现在编目信息中。例如，在编目的简介或相关标注中指出卷册之间的时间线，或者描述各卷册之间主题的逐步发展。这样的信息有助于读者更好地理解整个著作的脉络和演进过程。

逻辑的顺序性有助于读者按照作者的意图理解和阅读各个卷册。通过合理的编目，读者能够更容易地追随作者的思路，逐步深入了解各个卷册所涵盖的主题和观点。这对于那些希望系统性阅读整个著作的读者而言，提供了有序的引导，使他们更好地理解作者的意图和著作的整体结构。

顺序和衔接的良好设计有助于提升读者的阅读体验。当读者能够感受到卷册之间逻辑的有序连接时，他们更容易沉浸在著作的世界中，形成对内容的更为深刻的认知。这样的顺序性设计不仅仅是为了方便编目，更是为了满足读者对于连贯性和一致性的期待，从而提升整部著作的学术和文学价值。

2.依赖关系

编目多卷册图书时，对卷册之间的依赖关系要给予特别关注。这种依赖关系可能表现为卷册之间的信息衔接、主题发展的连续性等。对于那些需要按照先后顺序阅读的卷册，确保编目中明确表示各卷之间的依存关系是至关重要的。这有助于读者更好地理解卷册之间的内在关联，确保他们能够按照正确的顺序获取信息，而不会因为卷册顺序混乱而影响阅读体验。

著录方式应当明确反映卷册之间的依赖关系。这可以通过在编目信息中强调各卷之间的逻辑连接、引用关系或主题演进的连贯性来实现。例如，在摘要或简介中提及各卷册的相互关系，或者通过特定标注方式强调卷册之间的依赖性。这样的注释有助于读者更好地理解卷册之间的关联，从而按照正确的顺序有序阅读。

强调卷册依赖关系的著录方式有助于提升读者对整个著作的理解。读者能够更清晰地感知卷册之间的衔接，不会在阅读过程中感到信息的断裂或跳跃。这种依赖关系的明确标识有助于形成一个有机整体，使读者更容易沉浸于著作的内容，形成更深刻的认知。

注重依赖关系的著录方式有助于提升整个著作的学术价值。对于一些涉及复杂主题或深度讨论的学术著作而言，清晰的依赖关系标识可以使整个著作更具体系性和一致性。这有助于提升读者对于作者观点的整体理解，从而提高著作的学术深度和质量。

（二）主题内涵的关注

在编目多卷册图书时，深入关注每个卷的主题内涵是至关重要的步骤。这有助于读者更好地了解每个卷的独特贡献，尤其是在主题上存在差异的情况下。以下是需要注意的方面：

1. 主题差异

在编目多卷册图书时，若各卷存在主题上的差异，编目工作中应当以清晰的方式体现这些差异，以提供读者更有针对性的选择。主题差异的明确呈现可以通过著录信息的详细描述和注释来实现，从而使读者能够更加准确地了解每个卷册的独特内容和重点。

这种差异的呈现对于读者的选择至关重要。在涉及多卷册的图书中，每个卷往往聚焦于特定主题、领域或方面，因此，读者需要清晰地了解各卷之间的主题差异，以便根据自身兴趣和需求做出明智的选择。通过编目信息的清晰呈现，读者可以迅速把握各卷的主题轮廓，从而更有针对性地选择阅读内容。

著录信息的详细描述可以包括对每个卷的主题关键词、关键概念、核心论点等的准确定义。同时，在摘要或简介中加入关于各卷主题差异的特定说明，以确保读者在选择阅读材料时有全面而清晰的了解。这有助于防止读者对各卷的混淆或误导，提高他们对于每个卷的期望和理解。

此外，编目工作也可以通过设计专门的标注或符号系统来突显各卷的主题特征。这种符号系统可以简洁而直观地传达主题信息，使读者在浏览编目时能够快速识别各卷之间的主题差异。这样的设计有助于提高编目的可读性和用户友好性，使读者更加容易理解和利用著录信息。

清晰地呈现各卷之间的主题差异是编目工作中至关重要的一环。通过详细而准确的著录信息，符号系统的设计以及专门的说明，可以为读者提供全面、直观的卷册主题信息，使他们能够更加智能地选择符合自身需求的阅读材料。这种注重主题差异的编目方式不仅提高了图书的可访问性，同时也为读者提供了更具学术价值的阅读体验。

2. 主题内涵的深度

在编目多卷册图书时，对于每个卷的主题内涵深度的准确呈现至关重要。编目信息应当以全面、翔实的方式反映各卷内的独特性和复杂性，以便读者能够深入了解每个卷的内容特点。

对于每个卷的主题内涵，编目信息应当包含详细而精练的关键词、关键概念和核心论点的描述。这样的描述不仅有助于读者迅速把握卷内的重要内容，也为他们提供了更深入的了解途径。通过对主题内涵的深度挖掘，著录人员可以在编目中突显每个卷的知识深度，为读者提供更为丰富和全面的信息。

可以通过添加摘要或简介来扩展对主题内涵的深度描述。这些附加材料可以包括对于卷内具体案例、理论框架、方法论等的详细解释，以确保读者对于卷内内容有更为深刻的理解。摘要的设计应当能够反映卷内的知识层次，使读者在浏览编目时即可获取关键信息，同时也能够选择深入了解更为具体的内容。

为了增加主题内涵的深度，编目信息还可以包括对于各卷间内在关系、发展脉络等的说明。这种内在关系的呈现可以通过引用特定章节、主题的交叉引用等方式实现。通过这样的著录方式，读者可以更好地理解各卷间的知识逻辑，使得他们在阅读过程中能够更顺畅地跟随主题内涵的深度发展。

编目多卷册图书时，强调主题内涵的深度是提高图书著录质量的关键因素。通过翔实的关键词、关键概念描述，摘要或简介的补充，以及各卷间内在关系的呈现，编目工作可以为读者提供更为深度和全面的图书信息，使其在阅读过程中能够更好地理解、吸收和利用知识。这种注重主题内涵深度的编目方式不仅提升了图书的学术价值，同时也为读者提供了更具深度的阅读体验。

（三）一致性和完整性

在编目多卷册图书的过程中，确保一致性和完整性是维护信息质量的关键原则。以下是需要关注的方面：

1. 著录信息一致性

在编目多卷册图书时，维护著录信息的一致性是确保整体编目质量的至关重要的方面。一致的著录信息涵盖了责任者、题名、出版项等多个方面，其在编目中的一致呈现旨在提高读者对图书信息的准确识别和查找效率。这种一致性不仅关系到读者的使用体验，还直接关系到整体编目的专业性和可读性。

著录信息的一致性表现在对于责任者的准确标识。对于每一卷，负责人员应当按照相同的规范进行著录，以确保不同卷间责任者信息的一致性。这样的一致性可以通过使用相同的姓名格式、标点符号等方面的规范实现，使得读者在阅读编目时能够迅速识别作者身份。

一致性还应当贯穿于对题名的处理。无论是全书题名还是各卷的局部题名，都应当在编目中得到一致的呈现。这包括确保使用相同的翻译、缩写、标点等方式，以便读者能够明确识别图书的整体和各卷的题名。

对于出版项的一致性也是编目工作中需要特别重视的方面。出版项信息包括出版地、出版社、出版日期等，需要保证这些信息在各卷的编目中一致地呈现。

这不仅有助于读者了解图书的出版历史，也使得整体编目更具有规范性和专业性。

一致的著录信息是提高图书编目质量的重要保障。通过对责任者、题名、出版项等要素的一致性处理，读者可以更方便、更准确地获取所需信息。同时，一致性的编目也有助于提升整体编目的专业水平，使得图书的著录更为规范和易读。因此，维护著录信息的一致性应当是编目工作中不可忽视的重要环节，旨在为读者提供更好的图书检索和阅读体验。

2.信息完整性

在编目多卷册图书时，确保各卷的著录信息完整性是维护整体编目质量的关键方面。著录信息的完整性涉及多个元素，包括责任者信息、题名、出版项、主题等，这些元素的正确记录直接关系到读者获取全面信息的能力，有助于避免信息缺失的情况发生。在编目工作中，注重信息的完整性不仅有助于提供更翔实、全面的图书信息，还能够满足读者对多卷册图书的全面了解需求。

对责任者信息的完整性进行检查是至关重要的。责任者作为图书的主要创作者，其信息的完整性直接关系到读者对作者身份的认知。确保在每一卷的著录中都包含准确、全面的责任者信息，有助于读者建立对作者背景的全面了解。

对于题名的完整性也需要格外关注。题名是读者对图书内容最为直观的认知途径之一，因此，各卷的题名信息应当得到准确记录，确保在编目中呈现一致且完整的状态。

对于出版项的完整性也是维护编目质量的关键。出版项信息包括出版地、出版社、出版日期等，这些信息的完整记录有助于读者更全面地了解图书的出版历史，形成对其时空背景的完整认知。

主题信息的完整性同样至关重要。主题涉及图书所涵盖的知识领域和核心议题，确保各卷的主题信息得到完整著录，有助于读者更准确地把握图书的内容范围和深度。

（四）读者全面了解

在编目多卷册图书时，确保读者能够全面了解图书内容是至关重要的。以下是需要关注的方面，以满足读者的信息需求：

1.目录信息

提供详细的目录信息，包括各卷的章节标题、子章节以及相应的页码。清晰的目录信息使读者能够迅速了解整个多卷册图书的内容概要和结构，有助于定位他们感兴趣的篇章。

2.关键词和主题标引

使用恰当的关键词和主题标引，以提高读者对多卷册图书主题的理解和检索效率。合理选择关键词和主题标引，有助于读者更准确地找到与其研究或兴趣领域相关的内容，提升检索的精准性。

3.附加信息

如果多卷册图书包含相关的参考文献、注释或索引等附加信息，要在编目中清晰地标示。这样做有助于读者深入研究图书内容，寻找更多背景信息或相关资料，进一步提升他们的阅读体验。

通过以上方法，编目人员可以确保著录信息为读者提供全面了解多卷册图书的途径。这种全面了解包括对整体结构的把握、对各篇章内容的迅速定位，以及对相关信息的深入挖掘。

二、多卷册图书著录的实际操作

（一）责任者字段的著录

在编目多卷册图书时，对责任者字段进行准确著录是确保读者理解各卷作者在整个著作中地位和作用的关键。以下是责任者字段著录的实际操作步骤：

1.主要责任者的明确标示

需要明确每个卷的主要责任者，通常是该卷的主要作者。在责任者字段中以规范的格式标示，包括作者的全名、职称等。这有助于读者快速识别每卷的主要创作者。

2.次要责任者的识别

识别各卷的次要责任者，包括共同作者、编辑、翻译等。在责任者字段中详细列出每位次要责任者的姓名和具体贡献。这可以通过标示每个责任者的具体角色，如"编""译"等，以展现多个责任者之间的合作关系。

3.责任者贡献的具体描述

对每位责任者在各卷中的具体贡献进行详细描述。这可以包括对特定章节、主题或其他方面的具体说明，以展现每位责任者的独特贡献。这样的描述有助于读者更全面地理解各卷作者的参与程度和专业领域。

通过以上步骤，责任者字段的准确著录将为读者提供清晰而全面的信息，使其能够了解每卷作者的贡献和在整个著作中的作用。

（二）主题字段的全面反映

在编目多卷册图书时，主题字段的全面著录对于读者理解整个著作的主题和内容至关重要。以下是主题字段著录的实际操作步骤：

1.各卷主题的明确标示

在主题字段中，需要明确标示每个卷的主题，以突显各卷在整个著作中的研究方向。这可以通过简明扼要的表述或者使用规范的主题词来实现，确保读者能够迅速了解各卷的核心主题。

2.主题关键词的使用

使用关键词有助于读者更快速、准确地理解各卷的主题。在主题字段中选择具有代表性的关键词，涵盖各卷的核心内容。这些关键词应当是能够反映各卷研究方向的关键术语或概念，以提高检索效率。

3.整体研究方向的强调

在主题字段中强调整体研究方向，使读者能够从整体上把握多卷册图书的主题脉络。通过对各卷主题的总结或整合，突显整个著作的综合研究方向，为读者提供全局性的认识。

（三）出版项字段的翔实记录

在编目多卷册图书时，出版项字段的翔实记录对于读者了解各卷的独立出版信息至关重要。以下是出版项字段著录的实际操作步骤：

1.每卷出版者的准确记录

在出版项字段中，应准确记录每个卷的出版者信息，包括出版者名称、出版地点等。这有助于读者迅速获取关于每卷的出版者背景，为其评估学术可信度提供重要线索。

2.出版年的明确标示

对每个卷的出版年份进行明确标示，以便读者了解各卷的出版时间。这对于区分各卷的时序关系和理解著作的演变历程具有关键性。在著录时，要确保年份的标示规范，避免引起读者混淆。

3.其他出版信息的记录

除了基本的出版者和年份信息外，还应考虑记录其他相关的版本信息、印刷信息等。这样的附加信息有助于读者更全面地了解各卷的出版情况，为其选择合适的卷提供参考。

通过以上步骤，出版项字段的翔实记录将为读者提供丰富而准确的各卷独立出版信息。这有助于读者更全面地了解著作的出版历史，为其决策提供可靠依据。

第三节　丛编

一、丛编著录的基本原则

（一）准确标识主体和责任者

在丛编著录中，遵循基本原则是确保整体内容准确呈现的关键。以下是一些基本原则：

1.主题标识

对于丛编的图书，主题标识的准确性至关重要，因为它直接影响读者对整体内容的理解和选择。在著录过程中，需要采取措施明确标识丛编的主题，以突显整体内容的核心。以下是关于主题标识的实际操作步骤：

确保主题的明确标识，使其能够清晰地反映丛编图书的整体研究方向。这包括对丛编主题的深入分析，理解各篇章在整体研究框架内的定位。主题标识应具体而有针对性，以便读者能够迅速理解丛编的内容特点。

使用关键词有助于更快速、准确地传达丛编图书的主题。选择具有代表性的关键词，覆盖整个丛编的核心内容，以便读者在检索时能够更容易地找到相关信息。这样的关键词选择应基于对各篇章主题的深入了解，确保涵盖全面而准确。

在主题标识中，要强调整体研究方向，使读者能够从全局的角度把握丛编图书的主题脉络。这可以通过对丛编主题的总结、概括，以及强调共同的研究重点等方式实现。这种整体性的标识有助于读者形成对丛编内容的整体认知，为其更深入的学术研究提供指引。

2.责任者标识

在编目丛编图书时，对责任者的准确标识至关重要，包括主要编辑、作者或组织者的翔实记录。这不仅有助于读者了解丛编的制作者背景，还能够为图书的权威性和可信度提供有力支持。

对主要编节的标识应当准确明了。主要编辑在丛编过程中扮演着核心角色，对于整个图书的编排和组织具有关键性的作用。在责任者字段中，应以规范的格式清晰地列示主要编辑的姓名、职称等信息，以便读者能够准确识别并了解其在丛编过程中的贡献。

对于各篇章的作者或组织者，也需要细致入微地进行标识。这包括对每篇章的主要责任者进行翔实记录，以及对次要责任者的识别。这些信息有助于读者全面了解各篇章的制作者团队，从而对图书的学术质量和深度形成更为准确的判断。

在著录中，除了标识责任者的基本信息外，还应着重描述责任者在丛编图书中的具体贡献。这可以包括对其在选题、章节撰写、整体编排等方面的具体描述，以突显责任者在图书制作中的重要作用。

3. 整体视角

在著录丛编图书时，维持对整体的视角至关重要，以强调丛编的综合性，确保读者能够对整体内容有清晰的认识。这一整体视角的保持需要在各个著录要素中体现，从而为读者提供全面而有序的信息。

对于责任者字段的著录，应全面而清晰地标识主要编辑、作者或组织者的信息。这有助于读者了解整个图书的制作者背景和权威性。通过翔实的责任者标识，读者能够形成对整体图书制作者团队的全面认知。

主题字段的全面反映也是保持整体视角的关键步骤。在主题字段中，需要明确标示丛编的整体主题，突显各篇章的研究方向。同时，使用关键词有助于读者更迅速、准确地理解整体内容的核心。

出版项字段的翔实记录同样是维持整体视角的手段之一。通过准确记录每个卷的出版者、出版地、出版年等信息，读者能够全面了解整个丛编图书的出版背景，包括时间序列和版本信息等方面。

对于篇章之间的关系，使用适当的标识方法来强调各篇章之间的联系。这可以包括编号系统、分级标题等，以确保读者在浏览著录时能够清晰地辨认出各篇章，并理解它们之间的关系。

（二）关注各独立著作的特点

为了保持各篇文献的独立性和相互关联性，需要关注各独立著作的特点：

1. 独立性凸显

在著录中，强调各个独立著作的独立性是确保每篇文献都能够被单独理解和利用的重要方面。这一目标需要在著录的各个要素中体现，以提供清晰而独立的信息，使读者能够准确地理解每个文献的核心内容和特点。

在题名字段的著录中，需要确保每篇文献都有明确、独立的题名。主题题名应当反映文献的核心内容，而并列题名则有助于展示文献的多个相关方面。通过清晰的题名，读者能够迅速抓住每篇文献的主题和关键信息。

在责任者字段的记录中，要准确标识每篇文献的主要责任者和次要责任者。这有助于读者了解文献的作者或编辑团队，进而对文献的贡献有清晰的认识。翔实的责任者信息也使读者能够追溯到特定责任者的其他作品。

主题字段的全面反映同样是突显文献独立性的关键步骤。在主题字段中，需要明确标识每篇文献的独立主题，使用关键词有助于读者更迅速地理解文献的核心内容。通过全面反映各篇文献的主题，读者可以更好地了解每篇文献的独特贡献。

对于独立页码的记录也是确保文献独立性的重要手段。每篇文献都应有独立的页码记录，以便读者能够准确地定位和引用特定文献的内容。这有助于文献的个别引用和利用。

2.相互关联性呈现

在著录中强调各篇著作之间的相互关系是为了帮助读者更好地理解整体知识结构。通过采用交叉引用、主题词标引等方式，可以有效展示各部著作之间的内在联系，提升整体知识框架的清晰度和读者的阅读体验。

通过交叉引用的方式，可以在著录中明确指向相关篇章。这种方法可以通过在每篇著作的著录信息中标明其他相关著作的信息，或者通过在目录部分进行引用，使读者能够轻松地找到与当前篇章相关的其他内容。例如，通过"参见"或"详见"等词语的运用，读者能够在浏览一篇著作时得知其他可能相关的篇章，从而建立起篇章之间的关联性。

主题词标引也是展示篇章相互关系的重要手段。通过为每篇著作选择适当的主题词，能够更好地揭示其核心主题，同时使得相关主题的著作在标引检索中能够被联结起来。这种方法不仅方便了读者的主题导向检索，也使整体知识结构更为清晰。

引入类似于"相关主题"或"相关篇章"等的附加信息，也是强调篇章相互关系的有效手段。通过在著录中明确指出与当前著作相关的其他著作，可以在不破坏篇章独立性的前提下，展示它们之间的联系，帮助读者更全面地理解整体知识结构。

二、丛编著录的难点与解决方法

（一）平衡整体和局部的关系

丛编著录时的难点在于如何平衡整体和局部的关系，确保对每个独立著作的适当著录。以下是解决方法：

1. 编辑意图的了解

深刻理解丛编的编辑意图是确保整体结构和各篇著作之间关系平衡的重要前提。编辑在策划和组织丛编时，通常有着明确的目标和意图，这包括但不限于打造一部具有整体连贯性的著作、探讨特定主题的不同方面，或者呈现多元观点的合集。

编辑的意图体现在整体结构的设计上。编辑可能有意将一系列独立著作编织成一个完整的知识网络，通过它们之间的关联性展示一个更大的主题或问题。这样的结构使读者能够在整体上理解主题的多个方面，同时保持各篇著作的独立性。编辑可能通过合理的排列顺序、章节划分、交叉引用等手段来实现这一结构。

编辑可能希望每个独立著作在整体中都能够发挥特定的定位和作用。这可能涉及强调某些著作在整个丛编中的关键性，或者安排它们以某种方式呈现主题的不同侧面。通过理解编辑的意图，读者可以更好地把握每篇著作的价值和贡献，从而更全面地理解整体结构。

编辑可能在整个丛编中注入一定的主题、观点或者方法论，以达到某种特定的效果。这可以通过著作的选取、编辑序言的撰写等方式实现。编辑可能希望通过这样的设置引导读者在整体中形成某种认知，或者促使他们对特定议题进行更深入的思考。

了解编辑的意图有助于读者更好地理解整个丛编的设计理念，把握各部著作之间的关系。这种理解不仅能够提升阅读体验，还有助于读者更深入地挖掘丛编所涵盖的知识领域。编辑的用心设计可以为整个丛编赋予更丰富的内涵，使其成为一个有机而有力的学术作品。

2. 核心信息提炼

在编目多卷册图书时，核心信息的提炼是确保整体著录连贯性的关键步骤。通过将各篇著作的核心信息巧妙融入整体著录中，既能保持丛编的内在一致性，又能展现各独立著作的独特特色。

对于每篇著作，需要准确而明确的提取其核心信息。这包括主题、关键观点、研究方法、论证框架等。在提取过程中，需要注意捕捉每篇著作的独特之处，以确保整体著录既具有一致性，又不失各著作的个性。

将提取的核心信息巧妙地融入整体著录中。这可以通过主题字段的精练表述、责任者字段的准确标识、出版项字段的完整记录等手段来实现。在整体著录的过程中，核心信息应当成为读者理解各篇著作内容和贡献的关键线索，使其在浏览著录时能够迅速抓住各著作的要点。

同时，要注重各篇著作之间的关联性，确保核心信息的提炼不仅服务于单篇著作的理解，也为整个丛编的主题和结构提供支持。通过适当的标识方法、章节交叉引用等手段，强调各篇之间的相互关系，使整体著录更具有连贯性和层次感。

在整理核心信息时，要关注编目信息的语言表达和规范性，确保读者能够在浏览著录时迅速把握关键信息。此外，通过主题标引、关键词的使用等手段，为读者提供更便捷的检索途径，使他们能够更准确地找到感兴趣的内容。

3.清晰而有序地展示

为确保多卷册图书的著录方式清晰有序，可以采用标准的著录格式和层次结构，以使整体丛编的知识结构更易于理解。在实际的著录中，以下是一些建议的步骤和要点：

对于责任者字段，应准确标识每篇著作的主要责任者和次要责任者。采用规范的格式，包括作者姓名、职称等信息。确保责任者信息的清晰展示，以便读者迅速了解各篇著作的制作者。

主题字段的著录要全面反映各卷的主题，明确标示每个卷的研究方向。使用具体而清晰的词汇，突显整体丛编的主旨，使读者能够在浏览著录时迅速理解各卷的核心内容。

出版项字段的翔实记录也是关键步骤，确保每个卷的出版信息完整而规范。包括出版者、出版地、出版年等，以提供读者对各卷的独立出版情况的清晰了解。

在整体视角的维持上，需要强调丛编的综合性，确保读者对整体内容有清晰的认识。这可以通过在著录中体现丛编的整体框架、主题关联等方式来实现。

在独立性凸显方面，要确保各部著作都能够被单独理解和利用。这可以通过在责任者字段中准确标识各篇的主要作者、编辑等责任者，以及在主题字段中明确标示各篇的研究方向和核心内容来实现。

相互关联性的呈现可以通过适当的标识方法、引言部分的重要性、章节交叉引用等方式来加强。这有助于读者更好地理解整体知识结构，把握各篇之间的相互关系。

编辑意图的了解对于整体著录的设计至关重要。通过充分了解编辑意图，著录人员可以更好地平衡整体结构和各篇著作之间的关系，确保编目方式能够充分呈现编辑团队的构想和目的。

在清晰而有序的展示中，需要强调使用适当的标识方法，如编号系统、分级标题等，以提高著录信息的清晰度。整体著录应当呈现有机的结构，使读者在浏览时能够迅速理解整体丛编的知识体系。

（二）应对丛编著录中的特殊情况

1. 多语言著录

在处理涉及多语言著作的丛编时，著录工作需要特别关注标明不同语言的信息，以满足读者的语言需求。这涉及多语言著录的合理规划、字段设置和著录要点，以下是实际操作步骤和建议：

要确保责任者字段中涉及的作者、编辑等责任者的姓名在不同语言中都能够得到准确标识。这可能涉及姓名的翻译、拼写规范等方面的考虑。对于多语言著作，每位责任者的贡献应当在不同语言中都能够得到明确描述。

主题字段的著录需要考虑到不同语言表达的特点。使用具体而清晰的词汇，确保在著录中明确标示每个卷的研究方向。这可以通过使用关键词、主题词等方式，使得不同语言读者能够迅速理解各卷的核心内容。

在出版项字段的记录中，需要翔实地标明每个卷的出版信息，包括出版者、出版地、出版年等。对于多语言著作，尤其要确保这些信息在不同语言中都得到规范地呈现。

对于主题标识，要明确标示丛编的主题，突显整体内容的核心。这可以通过在著录中使用多语言的主题标识，使得读者能够在浏览时迅速了解丛编的研究方向。

在责任者标识中，准确标识主要编辑、作者或组织者，包括他们在不同语言中的责任和贡献。这有助于读者更全面地了解丛编的制作者背景和权威性。

整体著录中，需要强调对整体的视角，确保在编目中清晰地展现丛编的综合性质。这涉及对整体编辑意图的理解，并将各篇独立著作的核心信息整合到整体著录中。

相互关联性的呈现可以通过适当的标识方法、引言部分的重要性、章节交叉引用等方式来加强，确保读者更好地理解整体知识结构，尤其对于多语言读者更具帮助。

编辑意图的了解对于整体著录的设计至关重要，充分了解编辑意图可以更好地平衡整体结构和各篇著作之间的关系，确保编目方式能够充分呈现编辑团队的构想和目的。

在清晰而有序的展示方面，需要强调使用适当的标识方法，如编号系统、分级标题等，以提高著录信息的清晰度。整体著录应当呈现有机的结构，使读者在浏览时能够迅速理解整体丛编的知识体系。

2.电子丛编

在处理电子丛编时，著录工作需要特别关注电子资源的特定信息，以确保读者能够准确访问和引用这些资源。以下是实际操作步骤和建议：

对于每个卷的责任者字段，除了标识主要编辑、作者或组织者外，还应明确标示与电子丛编相关的责任者，例如电子版本的编辑或维护者。

在主题字段的著录中，除了明确标示每个卷的研究方向，还要考虑到电子丛编的特殊性，如涉及特定主题的专门数据库或在线平台。这可以通过关键词的使用来突显电子丛编的在线特性。

出版项字段的记录中，对于电子丛编，要包括特定的电子资源信息，如 DOI 或 URL。确保这些信息在著录中得到翔实和准确的记录，以方便读者直接访问电子资源。

主题标识时，要明确标示电子丛编的主题，并在著录中强调其在线特性。这有助于读者理解丛编的电子形式，并能够更方便地利用在线资源。

责任者标识中，除了标识主要责任者外，还要注意记录与电子丛编相关的责任者信息。这可能包括电子版本的贡献者、技术支持人员等。

整体著录中，要强调对整体的视角，确保在编目中清晰地展现电子丛编的综合性质。强调电子丛编的在线形式，使读者能够更好地理解其特殊性质。

相互关联性的呈现在电子丛编中更具重要性，可以通过适当的标识方法、引言部分的强调，以及在线平台内部链接等方式来加强，确保读者更好地理解整体知识结构和电子资源之间的关系。

编辑意图的了解同样对于电子丛编的著录设计至关重要，了解编辑意图有助于更好地平衡整体结构和各篇著作之间的关系，确保编目方式能够充分呈现编辑团队的构想和目的。

核心信息提炼时，要确保提取的核心信息包括与电子丛编相关的在线资源信息，以及各篇著作的在线链接或访问方式。这有助于读者更好地了解电子丛编的内容和如何访问相关资源。

清晰而有序的展示中，要特别注意采用标准的著录格式和层次结构，以清晰而有序的方式呈现电子丛编的知识结构。这包括使用编号系统、分级标题等方法，使整体著录更易于理解。

多语言著录时，如果电子丛编涉及多语言著作，同样需要在著录中标明不同语言的信息，以满足读者的语言需求。

通过以上步骤和要点，可以确保对电子丛编进行全面而准确的著录，使读者能够充分理解电子丛编的特殊性质和在线资源信息，为其使用和引用提供方便。这种细致入微的著录方式有助于读者更全面地了解电子丛编的内容和结构。

第四节　单册分析

一、单册分析著录的步骤

（一）主题选择与明确

1. 主题选择

在进行主题选择时，仔细阅读单册内容并选择具体的主题或章节进行深入分析是确保著录信息有学术价值的关键步骤。在选择主题时，需要考虑以下几个方面，以确保选择的主题具有独立的研究或信息价值，并且能够引起读者的关注。

要确保选择的主题在单册中有足够的深度和广度。深度表示主题能够提供丰富的信息，而广度表示主题在整个单册中有明确的涵盖范围。这有助于确保选择的主题能够提供全面的研究视角，满足读者的需求。

主题的选择应该考虑到当前学术领域的热点和前沿问题。选择与当前学术讨论紧密相关的主体，能够使著录信息更具时效性和前瞻性，提高学术价值。

在选择主题时，要考虑读者的关注点。主题应该与读者的研究兴趣密切相关，能够满足其信息需求。这可以通过了解目标读者群体的研究方向和需求来实现。

选择的主题要具有一定的独创性。即使是在已有研究基础上，也应该从新的角度或者提出新的问题，以确保研究的独立性和创新性。

要确保选择的主题在单册中有足够的信息量，以支持翔实的著录。主题的丰富度直接关系到著录信息的质量和学术价值，因此在选择主题时要考虑其信息量是否足够支撑详细的著录。

2. 主题明确

在进行著录时，主题的明确性是确保读者在浏览著录时能够快速理解单册核心内容的重要因素。为了达到这一目标，需要在著录中清晰、明确地表达所选择的主题。以下是确保主题明确性的关键步骤：

著录中的主题应该通过清晰、简洁的表达方式得到明确。使用准确的词汇和具体的表述，确保读者在阅读著录时能够迅速领会单册的核心内容。避免使用模糊或晦涩的词汇，以减少读者的阅读理解难度。

考虑采用主题词的方式来明确表达所选择的主题。主题词是标准的、规范的词汇，有助于提高信息的检索效率。通过选择恰当的主题词，可以使著录更具可读性和易用性，帮助读者准确把握单册的主题。

在著录中强调主题的核心概念，突出与所选择主题相关的关键要素。这有助于读者在浏览著录时更容易捕捉到单册的重点内容，提高信息传递的效果。

同时，可以考虑通过摘要或简介的方式，在著录中进一步展开对主题的阐述。摘要应该简洁明了，准确概括单册的主要内容，使读者在阅读著录时能够获得更深层次的了解。

在著录中避免冗余或不相关的信息，确保主题的呈现清晰而紧凑。精简的著录内容有助于读者更迅速地获取所需信息，提高整体著录的效果。

（二）相关信息的详细描述

1. 责任者著录

在著录中，记录主题相关章节的责任者信息是确保读者了解各章节贡献者背景和具体贡献的关键步骤。每个责任者，包括主要作者、编辑、贡献者等，都应该在著录中得到详细而准确的标示，以提供全面的贡献者信息，并明确他们在该主题中的具体贡献。

对于每个章节的主要作者，著录中需要准确标示其姓名、职称等基本信息。这有助于读者了解主要作者在该主题领域的专业性和研究背景。此外，可以通过简短的介绍来突出主要作者在该章节中的独特贡献，例如突出其研究方法、观点或实证研究成果。

对于编辑和其他贡献者，同样需要详细记录其姓名和相关信息。编辑在整个著作中的协调和整合作用往往至关重要，因此在著录中应突出编辑的角色，并说明其对该主题章节的贡献。贡献者的信息也应该得到充分呈现，包括其在该章节中的专业性和具体贡献。

在著录中，可以通过使用规范的责任者字段，以一致的格式记录每位责任者的信息。这样的标准化著录方式有助于提高信息的可读性和可搜索性，使读者能够更方便地获取所需信息。

可以通过在著录中使用简短的文字描述，突出每位责任者在该主题中的具体贡献。这有助于读者更全面地理解每个责任者在该章节中的作用和价值。

2. 主题详细描述

对于选定的主题，详细描述主题内容是确保读者深入了解该主题的关键步骤。在著录中，可以通过关键词、主题词、摘要等方式，呈现该主题的核心信息，提供全面而清晰的描述。

关键词是描述主题内容的重要元素之一。选定与主题相关的关键词，确保这些关键词能够全面而准确地反映主题的各个方面。这有助于读者在浏览著录时迅速了解主题的核心概念和关注点。

主题词的使用也是关键，它可以提供更为标准和规范的主题表示方式。采用专业的主题词标引体系，有助于读者更准确地理解主题的学科背景和内涵。在著录中，主题词的明确标示可以通过专门的主题字段来实现，确保其一目了然。

摘要是在著录中提供主题详细描述的重要手段。摘要应该是简洁而全面的，概括性地介绍该主题的核心内容、研究问题、方法、结论等要素。通过摘要，读者能够在较短的篇幅内获取主题的主要信息，为进一步阅读提供导向。

在著录中，可以使用专门的字段分别记录关键词、主题词和摘要信息，以保持著录的结构清晰。这样的方式有助于读者有序地获取主题的详细描述，提高整体著录的学术价值。

3. 章节结构梳理

在梳理该主题涉及的多个章节时，需要对章节结构进行详细地分析和整理，以展示各章节之间的逻辑关系和发展脉络。这有助于读者更好地理解主题的全貌和各个章节之间的内在联系。

考虑到该主题可能包含的多个方面或子主题，对章节结构进行合理的分类是必要的。这有助于将内容有序地组织起来，使读者能够更容易地跟随整个著作的逻辑结构。例如，可以将章节划分为主题的不同维度，每个维度下包含相关的子主题。

在展示章节结构时，强调各章节之间的逻辑关系是关键的。这可以通过章节标题、交叉引用或提供简要的连接语句来实现。明确指出各章节之间的内在联系和发展脉络，使读者能够更清晰地理解主题的整体框架。

举例而言，如果主题涉及历史演变，章节结构可以按照时间线有序排列，每个章节探讨特定时期的重要事件或演变过程。如果主题涉及多个维度，比如理论、实证研究和案例分析，可以按照这些维度划分章节，每个章节深入探讨一个方面。

在著录中，对于每个章节可以提供简要的概述，介绍该章节的核心内容和研究问题。这有助于读者在选择具体章节进行阅读时迅速了解其内容，同时理解整个主题的研究深度和广度。

（三）出版信息的记录

1.出版者及出版时间

在记录该主题章节的出版者信息时，着重考虑出版者的名称、出版地点以及出版年等关键信息，以帮助读者更全面地了解信息的时效性和可信度。

确保准确标识每个章节的出版者。每个章节的出版者信息应包括出版者的完整名称，确保没有遗漏或错误。对于涉及多个责任者的章节，也要明确主要责任者和次要责任者的出版者信息，以展示章节作者的合作关系。

提供出版地点信息，以便读者了解该主题章节的地域背景。出版地点有时对于特定主题的研究具有重要的背景意义，因此这一信息可以为读者提供更全面的上下文信息。

最后，记录每个章节的出版年。确保准确标示出版年份，这对于读者了解信息的时效性非常重要。如果涉及多个版本或修订，也要相应地提供相关的版本和修订信息。

通过这些出版者及出版时间的翔实记录，读者可以更准确地了解各个章节的背景信息，包括作者的背景、地域特色以及信息的时效性。这有助于读者更全面地评估该主题章节的可信度，并在需要时对信息进行更深入的研究。

2.电子资源信息

在著录该主题章节的电子资源信息时，着重考虑在线版本或其他电子资源的相关标识符，例如 DOI（数字对象标识符）或 URL（统一资源定位符），以便读者能够轻松访问这些资源。

对于在线版本，确保详细记录每个章节的 DOI。DOI 是一个独一无二的标识符，可确保读者能够准确地定位和引用该主题章节的在线版本。对于每个章节，提供其具体的 DOI，使读者能够通过互联网直接访问相关资源。

对于其他电子资源，包括在线文档、数据集或其他相关文件，提供详细的 URL。确保 URL 的准确性，以避免读者访问链接时出现错误。在著录中，使用清晰明了的方式呈现这些 URL，方便读者直接复制或点击链接。

通过记录这些电子资源信息，读者可以方便地获取和查阅与该主题章节相关的在线材料。这有助于提高信息的可访问性和可用性，使读者更容易深入研究该主题，并获取最新的、具有实时性的信息。

二、单册分析著录的实例分析

（一）主题选择与明确

在进行单册分析时，我们特别选定了一本社会学著作中的一章，题为"社会变迁中的家庭结构演变"。这一主题的选择是出于对社会变迁对家庭结构的深刻影响的兴趣，以期通过深入研究这一特定方面，揭示出家庭在社会演变中的动态变化。这一选择的背后，旨在理解社会变迁如何塑造家庭的组织结构、价值观念，以及家庭在这一变革中所扮演的角色。这个主题的明确性将有助于我们聚焦于特定社会学议题，提供一种更为深入的学术分析路径。

这一章节的选题旨在深入剖析家庭在社会变迁过程中的演变情况。我们期望通过对社会学角度的分析，揭示出在社会变革中家庭结构所经历的变迁，涉及经济、文化等多个方面。这一主题的明确选择使我们能够集中注意力，深入挖掘家庭在社会变迁中的细微变化，了解这一过程中家庭结构所承受的压力和面临的挑战。通过聚焦于这个具体主题，我们有望获得更为翔实和具体的研究成果，为社会学领域的相关讨论提供更为深刻的理解。

（二）相关信息的详细描述

1.责任者著录

主要作者为李明，一位具备社会学教授资历的专业人士，其学术背景和专业知识为本章节提供了坚实的基础。此外，编辑王红是一名社会学博士，为本章的整体质量和学术深度提供了专业的指导和编辑支持。通过这两位责任者的合作，本章的学术可信度和深度得以有效保证。

2.主题详细描述

本章的主题明确，聚焦于"社会变迁中的家庭结构演变"。这一主题在社会学领域具有重要性，对于理解家庭在社会演变中的动态变化提供了有力的视角。关键词的选择涵盖了"社会变迁""家庭结构"和"演变"，为读者提供了对章节内容的直观概括。同时，主题词"家庭社会学"和"社会变革"更是从学科的角度明确了研究的范畴，使读者对本章的学术定位有了清晰的认识。

3. 摘要

摘要部分提供了对整个章节的高层次概述。指出本章深入探讨了社会变迁对家庭结构的影响，特别强调了在经济和文化等方面的演变。这一摘要在简洁中抓住了章节的核心议题，为读者提供了在深入阅读之前的全局认识。通过强调经济和文化等多方面的演变，读者可以期待在接下来的阅读中获取更为翔实和全面的信息。

4. 章节结构梳理

章节结构的梳理是为了使读者在阅读过程中更好地理解章节的逻辑脉络。第一节着眼于社会变迁的定义和背景，为后续对家庭结构演变的解析提供了必要的背景信息。第二节深入研究家庭结构在历史变迁中的变化，为读者提供了一个家庭结构演变的历史视角。第三节则将焦点放在当代社会变迁对家庭的具体影响上，使读者对当前社会背景下的家庭结构演变有了更深刻的认识。

通过以上详细描述，读者能够对本章的主要作者、编辑、关键词、主题词、摘要以及章节结构等方面的信息有一个全面而深入的了解，为进一步深入阅读提供了必要的背景和指导。

（三）出版信息的记录

1. 出版者及出版时间

这一章节的出版者是社会科学出版社，一个在社会科学领域具有良好声誉的出版机构。其总部位于北京，中国的学术中心之一。本章节于 2021 年出版，确保读者能够获得最新的关于社会变迁和家庭结构演变的学术观点和研究成果。社会科学出版社的选择为本章节的学术质量和可信度提供了坚实的支持。

2. 电子资源信息

为了提供更多的便利和广泛的可及性，这一章节还提供了电子资源信息。其中，DOI（数字对象标识符）为 10.1234/abcd1234（假设）。这一信息为读者提供了在线获取和下载本章节的途径，使其能够更方便地获取到有关社会变迁和家庭结构演变的学术内容。这种融合传统印刷和现代电子资源的出版方式，符合当今学术传播的多样化需求。

3. 读者服务及学术价值

通过对作者、主题、关键词、摘要以及整体的章节结构的详细描述，读者可以快速了解这一章节的学术内容。这种单册分析的著录方式不仅提供了丰富的信息，还在信息的展示上保持了一定的层次和逻辑，为读者提供了清晰的阅读导引。这种信息的呈现方式不仅能满足读者对特定方面深入信息的需求，同时也确保了著录信息的准确性和全面性。整体上，这一著录方式不仅服务于读者的信息获取需求，更为学术界的研究提供了有力的支持，促进了学术知识的传播与共享。

第五节　无总题名图书

一、无总题名图书的著录要点

无总题名图书由多个独立篇章组成，因此在著录时需要特别关注篇章的独立性、各篇之间的关联性以及主题和责任者的标识。

（一）篇章的独立性

在处理无总题名图书时，每个篇章都应被视为独立的实体，有着自己的核心主题和贡献。著录工作需要强调每篇章的独立性，确保在检索和阅读时读者能够准确地了解每篇的内容和目的。以下是在著录中关注篇章独立性的要点：

1. 题名的明确表示

在处理无总题名图书的著录工作时，对于每个篇章的题名应该追求清晰而明确的表达，以充分反映其核心主题。题名作为篇章的核心标识，是读者在著录信息中获取初步了解的关键元素之一。因此，确保每个篇章的题名具有清晰度和明确性，对于提高图书著录的质量和可读性至关重要。

清晰的篇章题名有助于读者准确把握篇章的主题。在无总题名图书中，每个篇章可能涉及不同的主题或专题，而其题名应当能够直观地传达出该篇章所涉及的核心内容。通过使用精准、明了的措辞，篇章题名能够在著录信息中充分表达其独特的学术或实际意义，为读者提供关于篇章主题的清晰指引。

明确的篇章题名有助于区分各篇章，提高信息检索的效率。在处理复杂的多篇章图书时，读者需要能够迅速辨认出各篇章，并确定其是否符合其信息需求。

通过使用准确而明晰的篇章题名，著录工作能够为读者提供直观而有效的篇章区分，从而提升图书检索的精确性和效率。

清晰的篇章题名还有助于维护整体著录信息的一致性。通过确保每个篇章的题名都能够在表达方式和用词上保持一致，著录工作能够构建起一个整体统一的图书著录体系。这种一致性有助于读者更好地理解整本图书的结构和内容组织，提升了著录信息的整体质量。

2.责任者的明确标识

在进行无总题名图书的著录工作时，对每篇章的责任者进行明确标识是确保著录信息全面准确的关键步骤之一。这包括主要责任者和次要责任者的清晰标示，以便读者能够全面了解各篇章的贡献者信息。责任者的明确标识既有助于读者追溯篇章内容的知识产出者，也为学术交流和引用提供了必要的参考依据。

标识每篇章的主要责任者是保证读者准确识别篇章创作者的重要手段。主要责任者往往是对篇章的主要创作或研究贡献者，其学术背景和专业领域的明示有助于读者对篇章质量和可信度的初步评估。通过在著录中清晰标识主要责任者，著录工作能够为读者提供对篇章作者身份的清晰认知，使其更有信心地深入阅读相关内容。

标识每篇章的主要责任者是强化著录信息的完整性和深度的关键步骤。次要责任者可能包括对篇章进行编辑、翻译、注解等方面的贡献者，其在篇章创作过程中的角色同样重要。通过明确标识次要责任者，著录工作能够为读者提供更全面的贡献者信息，突显篇章创作的多元性和合作性，有助于读者更全面地理解篇章的学术背景和形成过程。

贡献者信息的明确标识还有助于学术交流和引用的便捷进行。学术研究常常依赖于前人的工作和成果，通过清晰标识篇章的责任者，著录工作为学者提供了在学术引用中准确引述篇章的重要信息，维护了学术引文的准确性和规范性。

3.独立页码的记录

在著录无总题名图书时，对每篇章的独立页码进行明确记录是确保读者准确定位和引用特定篇章的关键步骤。每篇章具有独立的页码记录不仅有助于读者迅速准确定位到感兴趣的篇章，同时为学术引用和研究提供了精确而可靠的引文依据。

明确记录每篇章的独立页码有助于读者在图书中迅速找到特定篇章。由于无总题名图书的结构较为复杂，每篇章可能在整本书中的位置差异较大，因此独立页码的记录可以直接指引读者到达目标篇章，提高检索效率。读者可以通过独立页码直接跳转至所需篇章，而无需浏览整本图书，节省时间和精力。

独立页码的记录对于学术引用具有关键作用。学术研究常需要引用图书中的特定篇章，而独立页码的明确记录为学者提供了准确引述篇章的基础。这种准确性对于学术引文的规范性和可靠性至关重要，有助于构建学术交流的坚实桥梁，提升学术研究的信誉和可信度。

独立页码的记录还有助于图书的内部组织和结构呈现。通过在著录中明确标示每篇章的页码，不仅为读者提供了对篇章在整本图书中位置的清晰认知，也为图书的结构呈现提供了有力支持。这种内部结构的清晰呈现使得读者更容易理解图书的整体框架和各篇章之间的关系，从而提升了阅读体验和学术理解的深度。

（二）各篇之间的关联性

在处理无总题名图书的著录工作时，适当标识各篇章之间的关联性是确保读者全面理解图书结构和内在联系的关键措施。以下是一些方法和重点，有助于在著录中有效凸显各篇之间的关联性：

1. 适当的标识方法

在著录中采用适当的标识方法是强调各篇之间关联性的重要手段。这包括使用子题名、主题词、关键词以及篇章序号等多种方式。这些标识方法有助于读者更清晰地理解和掌握整本图书的内在结构和各篇章之间的关联关系。

子题名的使用是在篇章标题之后添加一个小标题，用于具体突显篇章的某一方面或主题。这样的标识方法可以为读者提供更为详细和具体的信息，引导他们更深入地理解每个篇章的内容。

主题词和关键词的运用是通过在著录中为每篇章分配相应的主题词或关键词，使得读者能够迅速了解篇章的核心主题。这不仅有助于信息检索，也为读者提供了在图书中快速定位感兴趣主题的途径。

篇章序号的使用是为各篇章进行编号，强调篇章之间的顺序关系。这为读者提供了整本图书的整体框架，使其更容易理解和追踪篇章的发展脉络。

通过这些适当的标识方法，著录旨在为读者提供更为清晰和直观的阅读体验，使他们能够更有效地理解各篇章之间的关联性，为深入研究图书内容打下坚实基础。这种著录方式不仅提高了信息的检索效率，也使整本图书更易于被读者理解和利用，具备一定的学术价值。

2. 引言部分的重要性

引言部分在无总题名图书中的存在具有至关重要的作用，其在连接各篇之间关系上发挥着关键的功能。引言通常在图书的开始部分，不仅提供了整体背景和框架，还明确了各篇章之间的关系，为读者提供了全面的导读，帮助他们更好地理解整本图书的主题和结构。

在著录中，对引言部分的详细记录至关重要。通过著录信息，读者能够获取到引言的关键内容，包括背景介绍、整体框架、各篇章的关联性等重要信息。这样的记录有助于读者在阅读过程中迅速了解图书的整体布局，从而更有针对性地选择关注的篇章或主题。

引言部分在著录中的体现应包括引言的标题或主题、作者或编辑的责任者信息、引言的起始页码等关键元素。这样的著录方式有助于读者快速定位引言部分，获取到所需的信息，为深入研究整本图书奠定基础。

3.共同主题的凸显

在著录中特别凸显各篇章的共同主题是一种有效的方法，它有助于强调篇章之间的关联性。通过在著录中清晰而突出地标识各篇章的共同主题，例如在主题字段中使用相关的主题词，可以为读者提供一个整体的视角，使其更容易理解这些篇章之间的内在联系。这种强调共同主题的方式不仅提高了整体著录信息的可读性，也为读者提供了更直观的图书导览，引导他们更有目的地深入阅读感兴趣的篇章。

在进行著录时，可以采用明确的词汇和术语，以凸显各篇章的共同主题。这包括在主题字段中使用具有代表性的主题词，以确保这些词汇能够有效地传达各篇章的核心内容。此外，采用一致的标识格式和规范的著录方式也是确保凸显共同主题的关键，使整体著录信息呈现一致性和清晰度。

（三）主题和责任者的标识

在著录无总题名图书时，主题和责任者的标识对于读者迅速了解各篇的内容和贡献者至关重要。以下是关注主题和责任者标识的要点，以确保著录信息的清晰性、完整性和一致性。

1.清晰的主题标识

在著录中确保每篇章都有清晰、明确的主题标识是关键的，这有助于读者在浏览著录信息时能够迅速抓住各篇的核心内容。主题标识的清晰性对于读者理解图书内容、定位所需信息至关重要。在实现清晰主题标识的过程中，可以采用多种方式，如使用主题词、关键词或具体的篇章标题。

采用规范的主题词是确保主题标识清晰的一种有效途径。主题词应当准确反映篇章的核心内容，选择具有代表性的关键词有助于读者快速理解各篇的主题。通过使用规范的主题词，著录信息可以更好地为读者提供清晰的主题导向。

关键词的使用也是确保主题标识清晰性的重要手段。精心选择关键词，涵盖各篇的核心内容，有助于提高著录信息的检索效果，使读者更容易找到感兴趣的篇章。关键词应当具有代表性，能够准确概括篇章的主题。

对于具体的篇章标题，也可以作为主题标识的一部分。清晰而具体的篇章标题可以直接反映篇章的核心主题，为读者提供直观的信息。

清晰的主题标识需要综合运用主题词、关键词和篇章标题等多种著录方式，确保读者在阅读著录信息时能够迅速准确地了解各篇的核心内容，为其选择适切的阅读路径提供有效的引导。

2.责任者信息的完整性

确保每篇章的责任者信息得到完整记录是保障著录准确性和提升读者全面了解各篇的贡献者信息的关键步骤。责任者信息包括主要责任者和次要责任者，而主要责任者通常是篇章的主要创作者，次要责任者可能涉及编辑、翻译、注解等方面的贡献者。

在著录中，首先需要明确标识每篇章的主要责任者，即该篇章的主要创作者。这包括作者的姓名、职称等信息，以确保读者能够准确识别并了解该篇章的主要创作者。

其次，对于每篇章的主要责任者，著录中需要详细列出其姓名和具体贡献。这包括但不限于编辑、翻译、注解等方面的责任者。通过清晰记录主要责任者的信息，读者能够全面了解各篇章的贡献者阵容，进而更好地评估篇章的可信度和学术价值。

保持责任者信息的完整性对于读者深入了解丛编图书的著作团队、作者群体以及各篇章背后的学术力量具有积极的作用。这有助于读者更全面地认识每篇章的背景和贡献，提高对丛编图书整体质量和学术价值的认知。

3.统一的标识格式

在确保整体著录信息呈现一致性的过程中，采用统一的标识格式对于主体和责任者的处理至关重要。一致的标识格式可以通过采用规范的主题词汇、责任者的姓名格式等方式实现，这有助于提高整体著录信息的可读性、可理解性，并增强读者对各篇章之间主题和贡献者信息的比较能力。

对于主题的标识，使用统一的主题词汇是确保整体著录信息一致性的基础。这可以包括使用特定的学科词汇、行业术语或标准化的主题标引体系，以便读者能够迅速理解各篇章的核心主题。主题标识的一致性使读者更容易从著录信息中抓住关键内容，准确理解各篇章的研究方向。

对于责任者的标识，同样需要采用统一的姓名格式。这包括对作者、编辑、翻译等责任者的姓名处理方式，如姓名的顺序、姓名的缩写等。通过统一的责任者标识格式，读者可以更方便地识别和区分各篇章的贡献者，了解他们在整体著作中的作用。

一致的标识格式还有助于提高著录信息的可比性。读者可以更轻松地对照各篇章之间的主题和责任者信息，形成对整体著作的更全面、更系统的认知。这样的一致性使读者在浏览著录信息时更容易建立起对整本图书的整体印象，从而更有针对性地选择阅读感兴趣的篇章。

因此，在著录过程中，著录人员应当致力于采用统一的标识格式，确保主体和责任者信息的一致性。这不仅有助于提升著录信息的质量，也为读者提供了更清晰、更易于理解的图书著录信息，为他们更深入地了解丛编图书的内容和结构提供了有力支持。

二、解决著录难题的方法

无总题名图书的著录涉及平衡各篇章的独立性和整体关联性，需要深入主题分析、明确责任者和出版信息、强调篇章之间的关系以及使用适当的标识方法。

（一）深入主题分析

在解决无总题名图书著录难题时，深入主题分析是确保每篇章的主题和核心内容得到充分体现的关键步骤。

1. 主题识别

在著录过程中，对于每篇章的主题识别是非常关键的环节。通过仔细阅读每篇章，确保对每篇的主题有清晰的识别，这不仅包括对篇章整体主题的把握，还需要关注可能存在的细分主题或重要子题。这一步骤的重要性在于确保在著录中准确反映每篇章的核心思想和贡献。

对于篇章整体主题的把握是主题识别的基础。通过全面阅读篇章内容，理解篇章所要探讨的核心问题、主题或研究方向。这有助于确定篇章的基本主题，为后续的著录工作提供清晰的方向。

需要关注可能存在的细分主题或重要子题。许多篇章可能涵盖复杂多元的内容，具有多个层次的主题结构。在主题识别过程中，要仔细辨别和记录这些细分主题，以确保在著录中能够全面反映篇章的多层次性质。

在整个主题识别过程中，著录人员应当注重准确性和全面性。每个篇章的主题识别都应该经过深入思考和专业判断，确保不仅反映了篇章的主要主题，还捕捉到可能存在的重要子题或细分主题。这有助于提高著录信息的质量，为读者提供更全面、深入的了解。

2. 核心内容反映

在著录过程中，确保反映每篇章的核心内容是提高著录信息质量和满足读者信息需求的关键。核心内容包括主要论点、研究方法、实证结果等方面，通过在著录中突出这些核心内容，有助于读者在检索时迅速理解篇章的内容。这样的著录方式提供了更准确的信息，使读者能够更好地判断篇章的适用性和相关性。

对于主要论点的反应是核心内容中的关键一环。在著录中明确记录篇章所阐述的核心观点、理论假设或主要结论，以便读者能够迅速了解篇章的主要立意。

关于研究方法的著录同样至关重要。详细记录篇章所采用的研究方法，包括实证研究、案例分析、文献综述等，有助于读者了解篇章的研究设计和方法论基础。

实证结果的著录也是核心内容的一部分。如果篇章涉及实证研究，要清晰地呈现研究结果，包括数据、统计分析等，以帮助读者全面理解篇章的研究成果。

通过在著录中突出这些核心内容，读者可以更准确地评估篇章的学术贡献和适用性。这有助于提高整体图书的信息检索效果，使读者能够更有针对性地选择符合其需求的篇章。

3. 主题词的运用

主题词的运用在著录中具有关键的作用，它不仅有助于提高著录信息的检索效果，而且对于读者更容易找到相关篇章、确保著录信息在检索系统中具有高可用性起到至关重要的作用。合理运用主题词不仅需要准确地反映每篇章的主题，还应符合专业标准，以确保著录信息的标准化和规范性。

对于主题词的选择应准确的反映篇章的主题。主题词应该精准地概括篇章的核心内容，以便读者通过检索主题词能够迅速找到所需信息。例如，如果一篇篇章讨论人工智能在医学领域的应用，相关的主题词可以包括"人工智能""医学应用"等，确保这些词汇既能覆盖整体主题，又具有足够的专业性。

主题词的选择应符合专业标准。不同学科领域可能有不同的主题词规范，因此在著录中应根据相关学科的规范选择合适的主题词。这有助于确保著录信息的专业性和可比性，使读者更容易理解篇章所涉及的学科领域。

对主题词的合理运用还可以增加著录信息的标准化和规范性。通过采用统一的主题词标准，不仅使著录信息更易于理解，而且有助于建立一个标准化的著录体系，提高整体著录质量。

（二）明确责任者和出版信息

确保著录无总题名图书时明确责任者和出版信息是关键的步骤，这有助于提高著录信息的准确性和读者对各篇章的贡献者和出版背景的全面了解。以下是明确责任者和出版信息的要点。

1.责任者标识

在著录工作中，对每篇章的责任者进行清晰地标识是确保读者充分了解各篇的贡献者关键的一项任务。这包括主要责任者和次要责任者的标识，以确保每位贡献者的作用得到适当的体现。对于作者的标识，更应采用规范的姓名格式，以确保著录信息的准确性和一致性。

主要责任者的标识至关重要。主要责任者通常是篇章的主要创作者，他们对于篇章的研究、写作等方面有着直接的贡献。在责任者字段中，需要明确标识每篇章的主要责任者，使用规范的姓名格式，包括姓氏、名字，并在可能的情况下附上相关的职称或头衔。这有助于读者清晰地了解篇章的主要创作者是谁，从而更好地评估篇章的权威性和贡献价值。

次要责任者的识别同样重要。次要责任者可能涉及编辑、翻译、注解等方面的贡献者，他们对于篇章的创作和呈现也发挥着关键的作用。在责任者字段中，需要详细列出每篇章的主要责任者，包括姓名和贡献。这有助于读者全面了解篇章的制作团队，从而更好地理解篇章的学术背景和信息来源。

对作者的标识应当使用规范的姓名格式，确保准确性和一致性。规范的姓名格式包括姓氏在前，名字在后，并使用统一的大小写和姓名顺序。这种一致性有助于读者在整个著录信息中更容易识别和理解每位作者的身份。

2.出版信息的完整记录

在著录中，对于每篇章的出版信息的完整记录是确保读者更全面了解各篇章的出版背景的重要环节。这涉及关键的要素，包括出版者、出版地和出版年。详细记录这些信息有助于读者更好地理解各篇章的学术背景、时空背景，提高整体著录的可信度和学术质量。

出版者信息的完整记录是必不可少的。出版者是指出版机构或个人，其标识有助于读者识别篇章的出版来源。在著录中，需要准确地记录每篇章的出版者信息，包括出版者的名称、可能的标识符等。这有助于读者了解篇章的背后机构或人物，从而更好地评估篇章的学术背景和可信度。

出版地信息和出版年信息也是不可或缺的要素。出版地涉及图书出版的地理背景，而出版年则提供了出版的时间信息。在责任者字段中，需要详实地记录每篇章的出版地和出版年，以确保读者对篇章的时空背景有全面的认识。这有助于读者更好地理解篇章的时代背景和出版环境，为其正确使用和引用篇章提供必要的上下文信息。

3.明确篇章之间责任者的差异

在著录中明确标识各篇章责任者的差异是确保读者准确理解每篇章的贡献者信息的重要举措。责任者的变化包括主要责任者和次要责任者的变动，以及可能存在的编辑、翻译等不同责任者。通过在著录中清晰地标识这些差异，有助于读者避免混淆和误解，更全面地了解各篇章的贡献者信息。

主要责任者的变化应当得到特别的关注。主要责任者通常是篇章的主要创作者，其在篇章中的贡献至关重要。在著录中，需要明确标识每篇章的主要责任者，包括姓名、职称等规范的标识格式。如果各篇章的主要责任者存在变化，例如不同的作者负责不同章节，应当在著录中清晰地呈现这种差异，以帮助读者准确识别各篇章的主要创作者。

次要责任者的变化也需要被明确标识。次要责任者可能涉及编辑、翻译、注解等方面的贡献者，其作用同样重要。在责任者字段中，应当详细列出每位次要责任者的姓名和贡献，确保读者对各篇章责任者信息的理解不出现遗漏或混淆。

（三）强调篇章之间的关系

在著录无总题名图书时，尽管各篇章是独立的，但需要强调篇章之间的关系，以提供整体框架。以下是强调篇章之间关系的要点：

1.引言部分的重要性

引言部分在丛编中的存在至关重要，其在连接各篇章之间关系上发挥着重要的作用。引言不仅提供了整体主题的概述，还展示了篇章之间的关系、研究背景等关键信息，为读者提供了一个全面的引导，使他们更好地理解各篇章之间的关联性。

引言部分是整个丛编的入口，通过概括性的介绍帮助读者建立对整体主题的认识。在著录中，应详细记录引言的核心内容，包括引言的主题、目的和关键概念。这有助于读者通过著录信息迅速获取到引言的关键信息，为他们进一步阅读提供了基础。

引言通常涉及对各篇章之间关系的解释，展示它们如何相互连接和贡献于整体主题。在著录中，需要强调引言部分对于整体著作结构的重要性，特别是在连接各篇章之间关系上的作用。通过清晰记录引言中的关系阐述，读者能够更好地理解篇章之间的内在联系，提高对丛编整体结构的把握。

引言部分还可能包含研究背景、理论框架等信息，这些对读者理解整个著作的背景和理论基础都具有重要意义。在著录中，要确保这些关键信息得到翔实的记录，以满足读者对于丛编整体情境的理解需求。

2.章节交叉引用

透过巧妙的章节交叉引用，使读者能够深入理解这些独立篇章的共同主题或关联性，是在著录中极具价值的方法。通过适当的标识方法，比如章节编号、精心设计的交叉引用链接等，可以在著录信息中清晰地展示各篇章之间的关系，有助于读者更为深入地理解整本书籍，理解篇章之间的逻辑连接。

采用章节编号是一种常见的标识方法，通过为每篇章赋予唯一的编号，读者可以迅速辨识篇章在整体结构中的位置。这种编号可以直接嵌入著录信息中，使读者能够轻松地追踪篇章的顺序，形成对整体结构的清晰认识。

巧妙设计的交叉引用链接是另一种强有力的标识方法。通过在著录信息中引用其他相关章节，读者可以直接跳转到相关内容，进一步深入了解相互关联的主题。这种引用链接的设置应该是有针对性的，着重突出各篇章之间的逻辑连接，帮助读者更好地理解整体著作的内在关系。

在著录信息中巧妙运用这些标识方法，避免机械的排版方式，能够使读者更加容易理解书籍的结构和篇章之间的关联性。

（四）使用适当的标识方法

在著录无总题名图书时，使用适当的标识方法是确保著录更清晰、易读的关键。以下是使用适当的标识方法的要点：

1.编号系统

引入编号系统为各篇章进行标识是一种高效而实用的方法，特别适用于大型多篇章的图书。通过为每个篇章分配独一无二的编号，不仅有助于读者在著录信息中准确找到目标篇章，而且提高了整体著录信息的可读性和可检索性。

在这一编号系统中，每个篇章都被赋予一个唯一的标识符，使得读者能够轻松地区分各篇章并厘清它们在整个图书结构中的位置。这种编号系统可以基于特定的规则，如按照篇章出现的顺序、按照主题分类等，确保编号的逻辑性和有序性。

这一方法在大型多篇章的图书中尤为适用，例如丛编、系列著作或综合性论著。通过编号系统，读者可以迅速定位感兴趣的篇章，有针对性地获取所需信息，提高了整体著录信息的实用性。

在著录信息中，采用编号系统的好处不仅在于提高了可读性和检索性，同时也为读者提供了更直观、清晰的导览。这一方法的实施有助于优化著录结构，使读者更便捷地理解图书的组织架构，为他们的学术研究和阅读体验提供了更加便利的支持。

2.分级标题

在著录信息中，使用分级标题对篇章的内部结构进行标识是一种有效的方法，能够帮助读者更好地理解篇章的组织和层次关系。分级标题通过采用不同的字体、格式等方式进行区分，使读者能够快速浏览并准确理解篇章的结构，提高了著录信息的层次性和组织性。

这种方法尤其适用于包含复杂主题或多层次结构的篇章，为读者提供了清晰的导览和方便的阅读体验。通过分级标题，读者可以准确地把握篇章内部的逻辑流程和结构，更容易理解各个部分之间的关联性。

采用分级标题的优势在于其直观性和可读性。读者可以通过目录或著录信息中的分级标题迅速了解篇章的结构，有助于他们更有针对性地阅读感兴趣的部分，提高信息的查找效率。此外，分级标题的运用也使得整体著录信息更具有层次感，为读者提供了更为清晰的导向，使他们更容易理解和利用图书内容。

3.其他标识方法

在著录信息中，除了分级标题外，采用其他适当的标识方法也是非常必要的。这包括使用关键词标识篇章的主题，引入图表等元素，以丰富著录信息，提高篇章的辨识度。这些标识方法通过视觉和语言上的元素，使著录信息更具可读性和可理解性，使读者更容易理解和使用图书内容。

通过关键词的运用，可以在主题字段中使用具有代表性的关键词，涵盖各篇章的核心内容。这有助于读者更迅速、准确地理解各篇章的主题，提高信息检索的效率。关键词的选择应符合专业标准，确保它们能够准确反映篇章的主题和内容。

引入图表等元素也是一种有效的标识方法。通过在著录信息中插入图表、图示或其他可视化元素，可以更直观地呈现篇章的重要信息，增强读者对内容的理解。图表可以包括概览图、关系图、时序图等，为读者提供更全面的视觉印象，有助于加深对篇章内容的印象。

采用这些标识方法有助于提高著录信息的可读性和可理解性，使读者更容易找到并理解各篇章。这不仅提高了著录工作的效率，还为读者提供了更好的阅读体验。通过多样化的标识手段，著录信息能够更全面、清晰地传达篇章的核心信息，为读者提供更丰富的阅读体验。

第三部分
文献编目实例分析及说明

第五章　实例分析方法与步骤

第一节　实例分析的目的与意义

一、为什么进行实例分析

实例分析在文献编目领域中具有重要的意义。

（一）实例分析的深入了解文献编目过程和规范

实例分析在文献编目中的首要意义在于深入了解文献编目的具体过程和相关规范，从而更好地把握整体的编目原则。通过具体案例的展示，编目人员能够对规范要求和操作流程有更为清晰的认识，提高编目的准确性和一致性。这一过程中，选择具有代表性的文献作为实例，涵盖各种文献类型和主题，以确保全面了解文献编目的复杂性和多样性。

深入分析实例文献的编目过程有助于识别规范要求中的具体执行步骤，包括标准的主题词汇使用、责任者的著录方式、文献类型的分类等方面。通过案例，编目人员能够更好地理解每个环节的重要性和相互关系，为规范化的编目提供实际操作的指导。此外，实例分析还可以揭示规范中一些抽象或晦涩难懂的条款在实际编目中的应用方式，有助于消除规范理解的歧义。

（二）发现和解决实际编目中的问题

实例分析的次要目的在于帮助编目人员发现和解决在实际编目中可能遇到的问题。在文献编目的过程中，由于文献类型的多样性和信息的丰富性，常常会面临一些复杂、特殊或模糊的情况。通过实例分析，编目人员可以借鉴先前的成功经验，提出解决方案，并形成相应的处理策略，从而规范编目操作，减少错误发生的可能性。

实例分析中识别问题的过程需要深入挖掘实例文献中的具体情境。这包括对特殊主题词的处理、非常规责任者的标识、多种文献类型的著录方式等。通过对问题的识别，编目人员可以有针对性地改进操作流程，提高对特殊情况的应对能力。这也有助于建立一套相对完善的文献编目问题解决方案体系，为整个编目流程提供经验支持。

（三）促进编目人员之间的经验共享和交流

最重要的是，实例分析在促进编目人员之间的经验共享和交流方面发挥着关键作用。通过分享不同文献类型的实例，不同编目员在处理相似情况时的思路和方法可以在团队中形成经验的积累和沉淀，提高整个编目团队的整体水平。

这种经验共享与交流的机制可以通过团队会议、在线平台或专门的编目经验分享会等形式进行。编目人员可以分享成功的实例案例，也可以探讨在处理问题时的方法和经验。这种交流不仅有助于团队成员更全面地了解各种情况的处理方式，还可以促使整个团队形成较为统一的编目标准和操作规范。

二、实例分析对编目的指导作用

（一）实例分析对规范修订和完善的支持

1.揭示规范缺陷的实际案例

实例分析在参与文献编目规范不断完善的过程中发挥着重要作用。通过深入研究具体实例，我们能够准确地揭示编目规则存在的模糊点、歧义或需要进一步补充的领域。这深入的实例分析不仅为规范的修订提供了有力支持，而且使规范更具可执行性和实用性。

在实例分析的过程中，首先需要选择具有代表性、典型性或特殊性的文献作为研究对象。通过对这些实例的深入研究，我们能够从实际操作的角度去审视编目规范。实例分析揭示了规范存在的不足之处，例如著录信息的模糊性，对某一文献类型处理的不明确等。

在实例分析的实质性支持下，我们能够提出明确的修订建议。通过对实例的详细研究，可以准确把握规范中的问题，并在具体案例的支持下，提供更为切实可行的解决方案。这种基于实例的修订建议，不仅能够填补规范的空白，还能够为规范的进一步完善提供有力的依据。

实例分析的指导作用在于通过对规范缺陷的实际案例揭示和解决，为整个文献编目领域的规范制定和修订提供了坚实的基础。这种通过实例深入分析的方式，使规范不再是抽象的理论指导，而是具有实践可操作性的指南，更好地服务于广大编目员的实际需求。

2.修订建议的明确提出

通过实例分析，我们得以深入研究具体文献类型的著录方式，从而揭示其中存在的歧义问题。这种深入的实例分析不仅有助于发现规范中存在的模糊点，还能够为规范提供明确的修订建议，为其不断优化提供实质性的支持。

在实例分析中，我们首先选定具有代表性的文献案例，针对其中某一特定文献类型的编目规则进行详细研究。通过仔细阅读文献并深入理解其内容和特点，我们能够准确把握著录要求和规范中的相关规定。

在发现文献类型著录方式存在歧义的情况下，我们进行了详细的分析。通过对规范中的相关规定和实际文献案例的比对，我们识别出规范缺陷的具体表现，并推导出可能导致歧义的原因。这一分析过程要求结合实践和理论，深入挖掘规范在具体情境下的适用性。

在深入分析的基础上，我们能够明确提出修订建议，针对性地解决规范中存在的问题。这些修订建议应当具有可操作性和实用性，以便广大编目员在实际操作中能够轻松理解和执行。修订建议的明确提出是实例分析指导作用的核心，通过这一过程，我们不仅为规范的优化提供了实际案例支持，还为规范的修订奠定了坚实的理论基础。

这样的实例分析指导作用通过对规范缺陷的实际案例揭示和解决，为整个文献编目领域的规范制定和修订提供了有力的依据。修订建议的明确提出使得规范修订的方向更为明确，确保了规范制定的实际可行性，进一步促进了编目规范的不断完善。

3.连接实践与规范的桥梁

实例分析作为编目规范不断演进的关键驱动力，在整个规范制定和修订过程中扮演着至关重要的角色。规范的演进不仅需要理论上的思考，更需要来自实际操作的经验总结和问题解决。在这一过程中，实例分析成为连接实践与规范的桥梁，为规范的不断优化和完善提供了独特的价值。

实例分析通过深入研究具体案例，直接从实际操作中提炼出经验教训，准确揭示了编目规范中存在的模糊点、歧义或需要进一步补充的领域。通过这种方式，实例分析丰富了规范的内容，使其更贴近实际工作中的需求。具体而微的案例，反映了编目员在实践中面对的实际问题，从而为规范的演进提供了直接的参考依据。

实例分析不仅有助于发现问题，更重要的是在问题的基础上提出明确的解决方案。通过对实例的深入分析，我们能够提出修订建议，明确规范中存在的缺陷并指明改进的方向。这种具体而实用的修订建议不仅解决了具体案例中的问题，也为规范的修订提供了实质性的经验支持。

连接实践与规范的桥梁作用体现在实例分析不仅为规范提供了实际操作的案例支持，也将实践中积累的经验转化为规范的具体内容。编目规范不再是抽象的理论指南，而是具有实际操作性和可执行性的指导性文件。这使得规范更符合实际工作的需求，为广大编目员提供了更为切实可行的指导。

（二）建立翔实的编目指南

1.提炼通用方法和策略

实例分析在建立翔实的编目指南方面发挥了关键作用。通过对具体实例的深入研究，我们得以挖掘处理各类文献情境的通用方法和策略，为编目员提供更具体、可操作的操作步骤和处理原则。这种基于实例的经验总结，成为编目指南的重要组成部分，为编目工作提供了实用性和规范性的双重支持。

实例分析通过对各种文献类型的翔实研究，揭示了在不同情境下的著录要求和处理原则。这为建立通用的编目方法提供了实际案例支持。例如，对于特定的文献类型，我们可以通过实例分析得知其特殊著录要求，从而形成通用方法，使编目员能够更加标准地处理类似文献。

实例分析帮助识别各类文献情境中可能出现的问题，并提供相应的解决策略。这些解决策略可以经过多次实例验证，具有通用性和实际可行性。例如，当处理某一文献类型时出现的标目歧义，实例分析可以为编目员提供具体的解决方案，形成编目指南中的处理原则。

通过实例分析提炼出的通用方法和策略具有跨越特定文献类型的普适性，能够为编目员提供处理各种情境的通用指导。这种通用性不仅在培训新手编目员时具有重要意义，还在处理复杂情况时为有经验的编目员提供了更高效的工作手段。

2.包括对特殊情况的处理建议

翔实的编目指南的重要性不仅体现在对具体著录格式的规定上，还涵盖了对特殊情况的处理建议。这一方面为编目员提供了全面而具体的操作指引，另一方面为处理特殊情况时提供了有力的支持，使其在实际操作中更加灵活和高效。

翔实的编目指南通过对特殊情况的深入考虑，提供了针对性的处理建议。在处理某些特殊文献类型或内容复杂的情况时，通用的著录规则可能显得不够灵活。通过实例分析，我们能够从特殊情况中提炼出具体的处理方法，使得编目员在遇到类似问题时能够迅速应对，确保编目的准确性和规范性。

这些处理建议对编目员的培训至关重要。新手编目员在接触到各种文献类型和特殊情况时，往往需要额外的指导和帮助。翔实的编目指南为新手提供了清晰的操作指引，使其能够快速上手，降低在实际编目中出现错误的可能性，提高工作效率。

对于有经验的编目员而言，这样的处理建议也是在处理复杂情况时的重要参考。复杂的情况可能涉及多种文献类型、多样的责任者和其他细节，经验丰富的编目员可以通过翔实的编目指南中的处理建议，更加迅速、准确地解决问题，提高整个编目团队的工作效率和质量。

翔实的编目指南不仅仅是对规范的具体解读，更是一份为实际操作提供支持的实用工具。其中包括对特殊情况的处理建议，使得这些指南更具针对性和全面性。这种全面性不仅有助于培训新手编目员，也为有经验的编目员提供了更为精准和高效的工作手段。

3. 更好地满足实际编目的需求

通过实例分析形成的编目指南具有更为具体和针对性的特点，使其更好地满足实际编目的需求。这种指南为编目员提供了更为清晰和具体的操作指引，不仅降低了错误发生的概率，还使得编目工作更为规范和高效。

实例分析所得的指南通过深入研究实际案例，针对各种文献情境提炼出具体的处理方法。这使得指南更贴近实际操作，能够更好地应对各种文献类型和编目任务。例如，当遇到某一文献类型的特殊情况时，实例分析能够揭示其中的问题并提供明确的处理建议，使编目员在实际操作中更加得心应手。

这种具体性和针对性使得编目指南更适用于培训新手编目员。新手编目员通常对规范的理解较为初级，需要更为具体的指导。通过实例分析形成的指南能够为新手提供直观、可操作的参考，降低了他们在实际编目中犯错的可能性，有助于他们更快速地适应编目工作。

对于有经验的编目员而言，这样的指南也提供了更为高效的工作手段。在实例分析中形成的指南中，涵盖了处理各类情境的通用方法和策略，使得有经验的编目员在面对复杂情况时能够更加迅速、准确地作出判断和处理。这不仅提高了整个编目团队的工作效率，也确保了编目的准确性和一致性。

（三）培养编目员的专业素养

1.提高对规范和标准的敏感性

实例分析在培养编目员对规范和标准的敏感性方面发挥了重要作用。通过对实例的反复研究，编目员得以更为深入地理解规范的精确含义，从而提高对文献内容和著录要求的理解水平。这种敏感性的培养不仅是对规范实施的一种贡献，也是提高整个编目团队专业水平的重要手段。

实例分析通过深入案例研究，使编目员对规范中的各项规定更为敏感。通过对文献类型的翔实研究，编目员能够更准确地察觉规范中的微妙差异，理解其中的细微规定。例如，在处理某一文献类型时可能涉及特殊的责任者要求或著录格式，实例分析能够使编目员对这些规范要求形成更为敏感的认知。

实例分析对规范的反复研究促使编目员形成对规范和标准的深层次理解。通过多次实例的比对和分析，编目员逐渐形成对规范的整体结构和原则的全面认知。这种全面理解不仅仅停留在规范表面的字面理解，更是深入到规范背后的目的和精神，使编目员能够更好地理解规范的灵活性和适用性。

通过实例分析培养的对规范和标准的敏感性，有助于编目员在实际操作中更加细致入微地遵循规范。编目员能够更迅速、准确地捕捉规范中的变化，适应不同文献类型和情境下的著录要求。这样的敏感性使得编目员在处理各种文献时更为得心应手，保证了编目工作的高质量和高效率。

2.培养深度思考和独立判断的能力

实例分析的实施要求编目员具备深度思考和独立判断的能力，这种能力的培养是实例分析在文献编目领域中发挥重要作用的一个关键方面。在实例分析的过程中，编目员不仅需要熟练掌握专业知识和规范要求，更需要能够将这些知识与实际操作经验有机结合，形成对文献的全面理解。

深度思考要求编目员在实例分析中对文献情境进行全面思考，超越简单的规范遵循。通过对实例的深入研究，编目员需要理解文献的特殊性质、作者意图、信息结构等方面，而不仅仅是机械地按照规范进行著录。这种深度思考使编目员能够更好地理解文献的内涵，为后续的编目工作提供更有价值的信息。

独立判断的能力在实例分析中显得尤为重要。不同的文献类型和情境可能存在多种处理方式，规范有时难以覆盖所有细节。编目员需要根据自身的专业知识和实践经验，独立判断如何更好地适应特定情况。这种独立判断的能力不仅提高了编目员在实际操作中的灵活性，也为规范的不断完善提供了有益的反馈。

通过实例分析培养的深度思考和独立判断的能力是培养编目员专业素养的关键。这种素养不仅仅局限于对规范的理解，更包括对文献本身特性的敏感性和全面性。编目员通过深度思考和独立判断，能够更好地应对各种文献类型和情境，提高整个编目团队的专业水平。

3.独立判断和处理能力的提升

通过实例分析，编目员逐渐培养了对各类文献的独立判断和处理能力，为整个编目团队的发展做出了积极贡献。实例分析作为一种培养专业素养的有效手段，不仅提高了个体编目员的专业水平，还为应对复杂多变的编目任务提供了有力支持。

实例分析的过程要求编目员在具体文献案例中深入思考，超越简单的规范遵循。这种深度思考的过程促使编目员从多个角度审视文献的内容、形式和特殊情境，培养了他们面对各类文献时灵活思维和独立分析的能力。通过对实例的深入研究，编目员不仅学会了如何遵循规范，更明白何时需要独立判断并灵活处理，提高了个体在编目任务中的独立处理能力。

实例分析的实施过程迫使编目员在面对文献案例时进行主动思考和独立判断。对于一些规范未明确的情境或者特殊文献类型，编目员需要运用专业知识和规范背景，自主决策并提出合理的解决方案。这种主动性和独立判断的培养使编目员逐渐形成对规范之外情境的处理经验，提升了他们在实践中的适应性和解决问题的能力。

实例分析通过让编目员在具体案例中进行独立判断和处理，形成了一种学习和经验积累的机制。这种机制不仅使得个体编目员能够从实际操作中不断总结和提高，也为整个编目团队的共同进步提供了基础。通过共享实例分析的经验，团队成员之间得以相互学习，不断提升整体的专业水平。

第二节　实例分析的基本方法

一、实例分析的基本步骤

实例分析的基本步骤包括以下几个方面：

（一）选择实例文献

1.代表性与典型性的选择

在实例分析的初始阶段，选择适当的文献至关重要，以确保所选实例具有代表性、典型性或特殊性，从而能够全面覆盖各类编目情境。这一选择涉及对不同文献类型和主题领域的精心考虑，以确保实例具有广泛的适用性，为实例分析的有效展开奠定基础。

实例的代表性要求所选文献能够充分反映出特定文献类型或主题领域的普遍情况。通过选择代表性实例，可以确保实例分析的结果具有广泛的适用性，适用于更广泛范围内的文献编目情境。例如，如果目标是分析某一特定学科领域的文献编目规范，那么选择一篇代表该领域的文献是十分必要的，以确保实例的代表性。

典型性是选择实例时需要考虑的另一个重要因素。典型性指的是所选实例具有一定普遍性和共性，能够代表相同类型或主题的其他文献。通过选择典型实例，可以更好地总结出通用的处理方法和策略，为编目员提供更具体、可操作的指导。这有助于形成更为全面和具体的编目指南，使得实例分析的成果更具实际应用价值。

特殊性的考虑在实例选择中也具有重要性。某些情况下，可能需要选择一些特殊的实例，以便深入研究某一特定的编目情境或规范要求。这有助于揭示规范中的模糊点、歧义或需要补充的地方，为规范的修订提供更具体的支持。特殊性的实例选择能够使实例分析更深入、更细致地发现规范中的问题，并为提出明确的修订建议提供实质性的依据。

2.考虑编目情境

在进行实例分析时，考虑到实际编目情境至关重要，因为这有助于选择与实际工作密切相关的实例文献，使分析更具实际操作的指导意义。通过选取那些具有争议性、较为复杂或容易引起误解的文献，能够更好地反映出编目员在实践中面临的挑战，为实例分析提供更切实可行的指导。

选择争议性文献有助于揭示规范中存在的歧义和模糊点。争议性文献可能因为特殊性质或规范表述的不明确而在编目过程中引发争议。通过对这类文献进行深入分析，可以更好地理解规范的适用性和缺陷，为规范的修订提供实质性的支持。这种选择能够使实例分析更有针对性，更具挑战性，使编目员在实践中能够更好地应对具有争议性的文献编目任务。

选择较为复杂的文献有助于深入研究编目规则在实际操作中的应用。复杂的文献可能涉及多个责任者、多语言著录、复杂的主题体系等，对编目员的要求较高。通过对这类文献进行实例分析，可以挖掘规范在处理复杂情况时的不足之处，为编目员提供更为具体的操作指引。这种选择有助于形成更为翔实的编目指南，提高编目员在处理复杂情况时的效率和准确性。

选择容易引起误解的文献有助于纠正可能存在的误导性规范表述。在实际工作中，某些规范可能存在不明确的表述，容易被编目员误解或解读不一致。通过选择这类文献进行实例分析，可以准确发现规范中可能存在的歧义，为规范的澄清和修正提供有力的案例支持。这种选择有助于提高规范的准确性和可操作性，使其更符合实际编目的需求。

（二）文献阅读与理解

1.仔细阅读与主题把握

在实例分析的初始阶段，对所选实例文献进行仔细阅读是至关重要的步骤。这一过程旨在确保对文献的主题、内容、作者等关键信息有全面的了解，为后续的编目分析提供基础，同时也有助于深入理解文献的著录需求。

仔细阅读实例文献是为了全面把握文献的主题和内容。通过深入阅读，编目员能够获取文献的核心主题，理解作者的意图以及文献所涵盖的知识领域。这对于后续的编目分析至关重要，因为只有充分理解文献的主题，编目员才能在著录过程中准确捕捉关键信息，确保编目结果符合规范要求。

对作者等关键信息的仔细把握有助于更好地理解文献的背景和质量。了解作者的身份、专业领域以及研究背景能够为编目员提供关于文献内容可信度和专业性的重要线索。这有助于在编目中更准确地判断责任者和确定文献的适当分类，确保著录信息的准确性和规范性。

通过仔细阅读，编目员能够更好地理解文献中可能存在的特殊情境或复杂要素。有些文献可能涉及多语言著录、多种责任者等复杂情况，这些都需要在编目中予以妥善处理。仔细阅读文献使编目员能够提前感知并理解这些复杂性，为后续的编目分析提供了更为全面的信息基础。

2.提取关键信息

在进行实例分析时，从文献中提取关键信息是确保该分析能够覆盖著录的各个方面的关键步骤。这一过程涉及对文献中的重要元素，如题名、责任者、出版信息等的仔细提取，旨在为后续的编目分析提供翔实的数据基础。

　　题名是文献著录中的一个核心元素，对于文献的标识和检索至关重要。在提取题名时，需要关注文献中可能存在的主、副题等细节，以确保著录的全面性和准确性。通过对题名的仔细提取，编目员可以准确捕捉文献的核心主题，为规范的制定和修订提供实际案例支持。

　　责任者信息的提取是确保文献正确标注贡献者身份的关键步骤。这包括作者、编辑、翻译者等可能涉及的责任者身份。通过仔细提取责任者信息，编目员能够明确文献的知识产出者，有助于正确判断责任者在文献著录中的地位和要求。

　　出版信息的提取也是实例分析中不可忽视的一部分。出版信息涵盖了出版地、出版社、出版日期等要素，对于确保文献的准确定位和检索至关重要。通过仔细提取出版信息，编目员可以确保这一关键要素在著录中得到正确表达，为文献的全面著录提供可靠的数据支持。

　　除了上述要素，实例分析还可能需要提取其他关键信息，例如文献的主题词、摘要等。这些信息的提取对于更全面地理解文献内容和更准确地进行编目分析都具有重要意义。

　　（三）著录规范对比

　　1. 对著录信息进行规范对比

　　在实例分析中，对著录信息进行规范对比是至关重要的一步。这个过程涉及将实例文献的著录信息与相关的编目规范进行仔细比对，目的在于分析实例中是否存在与规范不符的地方，以及是否需要特殊处理的情况。这一步骤有助于准确发现规范与实际应用之间的差异，为规范的修订和编目指南的制定提供实际的依据。

　　通过对著录信息的规范对比，可以发现编目规范中可能存在的模糊点和歧义。有些规范可能表述不够清晰，导致在实际编目中可能产生不同的解读。实例分析通过将实际文献著录信息与规范逐一对比，能够清晰地揭示规范存在的不足之处，为规范的澄清和明确提供实际案例支持。

　　对比还有助于发现规范与实际情况不符的地方。在实例分析过程中，可能会出现文献类型特殊、责任者复杂、出版信息异常等情况，而这些情况在一般的编目规范中未必有详细的涵盖。通过规范对比，可以识别这些特殊情况，为规范的修订提供更为全面的信息，使其更贴近实际编目需求。

　　对比还有助于发现规范的过时或不适用之处。随着时代的变迁和文献形式的多样化，原有的规范可能需要不断更新和完善。实例分析通过将实际著录情况与规范进行对比，能够及时发现规范的过时之处，为规范的修订提供及时的依据，保持规范的实用性和适应性。

2.强调规范的适用性

在实例分析中，强调规范的适用性是一个关键的评估步骤。这个过程涉及对规范的实际应用进行审视，考虑实例文献的特殊情境是否在规范中得到充分考虑。这有助于明确规范的边界和灵活性，为后续的问题识别和解决提供指导。

通过对实例文献进行适用性评估，可以发现规范在特殊情境下的不足之处。有些文献可能涉及新兴领域、跨学科主题或者非传统载体，这些情境在传统规范中可能未得到充分的考虑。实例分析通过对这些特殊情况的深入研究，能够揭示规范的适用性边界，为规范的修订提供实际案例支持。

强调规范的适用性有助于明确规范的灵活性。在实际编目过程中，可能会遇到一些文献类型或责任者情况在规范中并未详细规定的情况。通过实例分析，可以了解到这些情况是否在规范的灵活性范围内，并为规范制定者提供更多的信息，使规范更具弹性，能够适应不同的编目情境。

适用性评估还有助于发现规范与实际操作之间的脱节。在实例分析中，可能会发现规范的某些规定在实际应用中存在难以贯彻的情况。这种不一致可能是由于规范编制时未充分考虑实际情境所致。通过强调规范的适用性，可以识别这些不一致性，为规范的调整和修订提供实际的经验依据。

（四）问题识别与解决

1.发现实例文献中存在的问题

通过对实例文献的比对分析，我们能够深入挖掘其中可能存在的问题，这包括标目的疏漏、责任者的不明确等著录细节方面的潜在问题。这一过程需要系统地审查文献著录，确保问题得到全面识别，为规范修订和编目指南的制定提供实际的问题案例支持。

可能的问题之一是标目的疏漏。在实例文献中，可能存在未被正确标目的信息，例如遗漏了某个责任者、未著录某一关键的出版信息等。通过仔细对比实例文献和规范，我们可以发现这类疏漏，为规范修订提供缺陷的具体案例。这有助于使规范更全面、更细致，能够应对各类文献类型和情境。

责任者的不明确也是常见的问题。在实际编目中，文献可能涉及多位责任者，而规范中对于责任者的明确标注可能存在不足。通过实例分析，我们能够具体指出在特定情境下责任者的不明确指出，为规范的细化和修订提供实际情境的支持。

实例分析还可以揭示其他可能存在的问题，如特殊情境下的著录方式不当、关键信息的遗漏等。通过深入挖掘实例文献，我们能够系统性地识别这些问题，并为规范的修订提供翔实的案例支持，使规范更贴近实际编目需求。

2. 制定解决方案

在实例分析中，一旦发现文献编目存在问题，制定解决方案是确保规范修订和编目指南制定的关键步骤。这需要根据具体问题提出切实可行的解决方案，并在实施这些方案时保持对整体编目规范的合规性和普适性。

针对标目的疏漏问题，解决方案可以包括在规范中进一步明确责任者的识别方式，以及对于出版信息等关键信息的细化规定。通过在规范中补充相关条款，能够弥补当前规范对于某些特定情境的不足，使规范更为全面和细致。

对于责任者不明确的问题，可以提出规范修订的建议，明确在多责任者情境下的标目原则和方法。这样的规范修订既能解决具体实例中存在的问题，也能为其他类似情境提供具有普适性的指导，确保规范的适用性和灵活性。

对于其他可能存在的问题，例如特殊情境下的著录方式不当、关键信息的遗漏等，也需要提出具体的解决方案。这可能包括修订规范中相关的例外处理条款，或者为这些特殊情况提供专门的著录指南。这样的方案不仅解决了具体问题，还确保了整体规范的完整性和可操作性。

在提出解决方案的过程中，要特别注意方案的普适性。解决方案不仅要针对具体实例中的问题，还需考虑是否能够适用于其他文献类型和情境。这样的普适性保证了规范修订的广泛适用性，使其成为整个编目领域的有益资产。

（五）记录分析过程

1. 详细记录问题及解决过程

在实例分析过程中，详细记录问题及解决过程是确保经验得以总结和分享的关键环节。通过具体记录每一步的操作，可以为规范修订和编目指南的制定提供有力的实证支持，同时为后续的培训和团队学习提供宝贵的经验积累。

问题的提出需要精确而清晰。例如，如果在实例文献中发现了标目的疏漏，记录下具体的标目信息、责任者、出版信息等相关细节。这有助于确保问题的准确识别，为解决方案的制定提供实际依据。

解决方案的制定要具体到操作步骤。例如，在规范修订中，明确指出需要对责任者识别方式进行详细规定，包括在多责任者情境下如何标目、如何处理作者排序等。这些细致入微的方案能够为规范提供具体的修订建议，使其更具实际操作指导性。

在解决过程中，要对编目规范进行参照，确保所制定的解决方案符合规范的整体框架和原则。这一步骤有助于保持操作的合规性，避免制定的方案与规范相悖。同时，对规范的参照也能够保证制定的解决方案更具通用性和普适性。

对整个过程进行详细记录，包括问题的提出、解决方案的制定、规范的参照等。这些记录不仅为后续总结和经验分享提供了材料，也有助于团队内部的学习和知识传承。翔实的记录能够使其他编目员更好地理解问题的本质，同时也为类似问题的解决提供了参考。

2.经验分享和团队学习

通过利用记录的分析过程进行经验分享，可以促进团队学习，实现知识传递和技能提升，从而提高整个编目团队的水平。

经验分享应该注重分享实际操作中遇到的问题以及解决这些问题的经验。团队成员可以通过交流自己在实例分析中的发现、挑战和解决方案，分享彼此在实际工作中积累的宝贵经验。这有助于加深团队成员对规范的理解，提高对文献编目的敏感性，使整个团队更具专业素养。

经验分享要强调团队的协作学习。团队成员在分享的过程中可以互相学习，分享不同文献类型、主题领域的处理经验。通过小组讨论、分享心得，可以帮助团队成员更好地理解复杂情况下的编目要求，提高处理各类文献情境的能力。

可以通过制定培训计划，将实例分析的经验分享融入培训中。资深编目员可以向新手分享自己在实例分析中积累的经验，帮助新手更快速地适应编目工作。这种经验传承不仅缩短了新手的学习曲线，也确保了整个团队在面对各种文献类型和情境时的一致性和高效性。

团队领导可以组织定期的团队分享会，鼓励成员分享自己的实例分析经验。这有助于建立团队学习的文化氛围，激发团队成员的学习热情，推动整个团队的共同进步。

二、实例分析中的常用工具与技巧

实例分析中可以借助一些常用的工具和技巧，以提高分析效率和深度。

（一）编目软件

1.模拟编目环境

利用专业的编目软件进行实例分析是提高实用性和效果的重要手段。通过在模拟编目环境中进行深入分析，可以更全面、更系统地了解编目规范的应用和实际操作中可能遇到的问题。

专业编目软件提供了一个真实的模拟环境，使得实例分析更贴近实际操作。在这个环境中，编目员可以模拟实际的编目过程，包括对文献信息的输入、著录要求的满足以及规范修订的实施。这种真实性使得实例分析更具实用性，更有助于发现与规范不符的地方或需要改进的方面。

通过模拟编目过程，可以观察编目软件在操作过程中的反应。这包括软件对规范要求的响应、对不同文献类型的处理效果等。通过观察软件的反映，编目员可以及时发现潜在的问题，例如某些规范要求在实际操作中难以实现，或者软件对特定情境的处理效果不佳。这有助于提前发现问题并寻找解决方案，为规范修订和改进编目软件提供实际经验。

模拟编目环境还可以用于培训新手编目员。通过在真实软件环境中进行模拟编目，新手可以更迅速地熟悉操作流程，掌握规范要求，提高编目效率。这种培训方式对于缩短新手的学习曲线，提高其编目质量具有显著的效果。

2. 发现操作难点

编目软件在实际操作中的应用不仅有助于模拟编目环境，还能够有效识别可能出现的操作难点和不适应之处。通过软件模拟，可以更深入地理解和解决在特定文献类型下可能存在的问题，从而提高编目员的适应性和解决问题的能力。

编目软件能够帮助识别对特定文献类型著录要求较为严格的情况。在实际操作中，不同的文献类型可能有各自特殊的著录规范，而编目软件能够模拟这些特殊情境，让编目员更好地理解和适应。通过软件模拟，可以发现某些文献类型的特殊标记、责任者的具体规范等方面存在的难点，从而提前为实际编目中可能遇到的问题做好准备。

软件模拟还有助于识别软件处理特定情境的适应性。在实际操作中，编目软件对于不同文献类型可能有不同的处理逻辑，而通过模拟可以观察软件在操作过程中的反应。这有助于编目员了解软件的特殊处理方式，提高对软件的熟练程度，减少在实际编目中的错误发生概率。

通过模拟操作，编目员还能够更好地理解规范中的细节和特殊情况。软件模拟可以帮助编目员发现规范中一些可能较为模糊或容易被忽视的细节，进而加深对规范的理解，提高对编目细节的敏感性。

编目软件的使用在实例分析中发挥了重要作用，特别是通过模拟操作来发现和解决在实际编目中可能出现的难点和问题。这种方法有助于提高编目员的适应性、熟练程度，使其更好地应对各种文献类型和著录要求。

（二）小组讨论

1.多视角分析

将实例文献引入小组讨论，邀请不同经验和专业背景的编目员共同参与，是一种富有成效的多视角分析方法。这种集体智慧的方式有助于深化实例分析，发现更多可能的问题和提出更全面的解决方案，从而提高实例分析的深度和广度。

在小组讨论中，不同编目员能够基于各自的经验和专业知识，对实例文献的著录情况提出不同的观点和见解。这种多元化的视角有助于全面了解实例中可能存在的问题，而不仅仅局限于单一的解读。不同经验和专业背景的参与者能够从各自独特的角度出发，审视文献著录中的细节，可能发现其他人忽略的问题或提供更为全面的解决方案。

此外，多视角分析也有助于促进团队协同学习。通过集体参与实例分析，团队成员可以分享彼此的知识和经验，提升整个编目团队的专业水平。在讨论过程中，团队成员之间能够学习到不同文献类型和情境下的处理方法，增进对规范的理解，提高编目员的著录水平和专业素养。

在多视角分析中，不仅要关注问题的发现和解决，还需要注重沟通和协调，以确保各种观点都能够得到充分的讨论和理解。这种开放性和合作性的分析方式为编目团队提供了一个共同学习和成长的平台，使团队成员能够共同致力于实例分析的深入研究，为规范修订和实际编目工作提供更加全面和有效的支持。

2.促进协同学习

小组讨论是促进团队成员之间协同学习的重要途径。通过这种形式的互动和知识分享，团队成员得以在实例分析中互相受益，共同提高编目水平，构建一个学习型团队。

在小组讨论中，每个团队成员能够分享自己在实例分析中的发现、观点和解决方案。不同经验和专业背景的成员之间的交流能够拓宽每个人的视野，使团队整体更具多元性。对于新手成员而言，他们可以从经验丰富的同事那里获得宝贵的指导和建议，迅速提高自己的编目技能。对于有经验的成员，通过分享实际操作中的挑战和解决方案，他们也能够不断提升自己的专业水平。

协同学习还有助于形成共同的编目理念和标准。通过在实例分析中的讨论，团队成员能够逐渐达成一致的认识，统一对规范的理解和应用。这有助于构建团队内部的协同性，减少因个体理解差异而引发的错误或偏差，提高整个团队的编目一致性和质量。

此外，小组讨论也是一个激发创新和解决问题的平台。团队成员可以共同思考实例中出现的难题，提出创新性的解决方案。通过集体智慧，团队能够更迅速、更全面地应对复杂的编目情境，推动编目工作的进步。

因此，小组讨论作为促进协作学习的手段，不仅仅有助于团队成员个体的成长，也为整个编目团队的发展打下坚实的基础。这种协作学习的文化将知识共享、经验传承和问题解决融为一体，使得团队能够更加紧密地协同工作，提高编目工作的效率和质量。

（三）专业培训

1.邀请专业专家

组织专业培训并邀请资深编目专家进行分享是提升编目团队水平和推动实例分析发展的关键步骤。通过专业培训，团队成员有机会深入学习实例分析的方法和技巧，同时汲取资深专家的丰富经验，从而更好地理解和应用实例分析的核心要点。

专业培训的首要任务是邀请具有丰富实践经验的编目专家担任讲师。这些专家通常具备深厚的知识储备和丰富的实际操作经验，能够为编目员提供实用的指导和建议。他们可以分享在实例分析中遇到的各种情境，以及如何灵活运用规范和标准进行著录的实际技巧。专家的讲解能够激发编目员的学习热情，使他们更全面地理解实例分析的价值和应用。

培训内容应包括实例分析的基本原理、常见问题的解决方法、案例分析的步骤等方面。专家可以通过生动的案例和实际操作示范，将理论知识与实际工作相结合，使编目员更容易理解和掌握。此外，专业培训还可以提供互动环节，编目员可以在培训中与专家互动，提出问题并获得专业的解答，增强学员的学习体验。

培训后，可以建立反馈机制，让编目员分享他们在实践中应用培训所学到的知识和技能，从而形成一种学习共同体。这种经验分享的机制有助于团队成员之间的交流与合作，加速知识的传递和团队整体水平的提升。

通过邀请专业专家进行培训，编目团队将更好地理解实例分析的核心理念，更高效地应用这一方法，提升团队整体的编目水平，为实例分析在文献编目领域的推广奠定基础。这样的培训不仅是一次知识的传递，更是一次团队协作学习和共同成长的机会。

2.结合实例深入剖析

培训中结合实例进行深入剖析是一种有效的教学方法，能够将理论知识与实际操作相结合，提高编目员的实际分析和问题解决能力。通过让编目员亲自参与实例分析的过程，培训不仅使他们更深刻地理解实例分析的核心概念，还能够将抽象的理论知识转化为具体的操作技能。

在培训中，首先选择具有代表性、典型性或特殊性的文献作为实例，确保实例文献能够涵盖各类编目情况。接着，通过对实例文献进行仔细阅读，编目员需要理解文献的主题、内容、作者等关键信息，为后续的编目分析提供基础。

在深入剖析的过程中，编目员需要对文献的著录信息进行规范对比，发现可能存在的问题，并提出解决方案。这一过程中，培训者可以引导编目员思考规范和实例之间的关系，分析其中的模糊点、歧义或需要补充的地方。通过实际案例的分析，编目员能够更深入地理解规范的适用性和实际操作的差异，提高对规范的敏感性。

培训还可以模拟编目环境，利用专业的编目软件进行实例分析。这种方式使编目员能够在模拟的真实环境中进行操作，观察软件在处理实例文献时的反应，发现潜在的问题和解决方案。通过模拟编目过程，编目员可以更好地理解实例分析的实用性，提高对实际操作的适应能力。

在培训中，可以设立讨论环节，让编目员分享他们在实例分析中的发现和经验。这种经验分享不仅促进了团队成员之间的学习交流，也为培训者提供了了解编目员实际需求的机会，从而更好地调整培训内容和方法。

通过结合实例进行深入剖析的培训方式，能够使编目员更全面地理解实例分析的方法和价值，提高他们在实践中的问题分析和解决的能力，为整个编目团队的提升奠定坚实基础。这种培训方法不仅关注理论知识的传递，更注重实际操作的培养，使编目员能够更好地应对各类编目情境。

（四）建立案例库

1.汇总实例分析结果

将实例分析的结果整理成案例库是一项有益的工作，它有助于系统地汇总和积累实例分析的经验，为编目员提供参考和学习的资料。案例库的建立需要包括实例文献、问题识别、解决方案等关键内容，以确保编目员在实践中能够更好地应对各类编目情境。

案例库应包括具有代表性、典型性或特殊性的实例文献。这些文献应当覆盖各类编目情况，以确保案例库的广泛适用性。每个实例文献都应仔细阅读，确保对其主题、内容、作者等关键信息有全面的了解，为后续的编目分析提供基础。

案例库中应详细记录问题的识别和解决方案的制定过程。对于每个实例，都要清晰地列出发现的问题，如标目的疏漏、责任者的不明确等，并提出相应的解决方案。这有助于编目员更好地理解实例分析的核心要点，同时为团队成员提供了实际操作的指引。

案例库的建立还应注意规范对比的结果。将实例文献的著录信息与相关编目规范进行对比，分析实例中是否存在与规范不符的地方，或者需要特殊处理的情况。这有助于准确发现规范与实际应用之间的差异，为规范的修订提供实质性的支持。

案例库中还可以包括分析过程中的记录和讨论。记录分析过程，包括问题的提出、解决方案的制定、对规范的参照等，以便后续总结和经验分享。同时，通过小组讨论等形式，促进团队成员之间的知识传递和技能提升，共同提高编目团队的水平。

建立的案例库应该是一个可持续更新和维护的资源。新的实例分析结果不断加入，旧的案例经验不断被总结和优化，确保案例库始终具有实际操作的指导意义。通过案例库的积累，编目员能够更好地应对复杂多变的编目任务，提高整个编目团队的效率和水平。这种系统化的实例分析经验的积累有助于推动文献编目规范的不断完善和发展。

2.日常工作参考

建立案例库不仅在实例分析中具有益处，还可以成为编目员日常工作中的重要参考资料。在面对各种文献类型和情境时，编目员可以通过查阅案例库，快速找到解决问题的方法，从而提高工作效率和准确性。

案例库作为一个集成了实例分析结果的资源，为编目员提供了在实际工作中遇到问题时的实用指南。编目员可以根据具体情况检索案例库，找到类似的实例文献，并学习在相似情境下的问题识别和解决方案。这有助于缩短问题处理的时间，降低出错概率，使编目员更加熟悉和娴熟地应对日常编目工作。

案例库提供了实例分析的深度和广度，为编目员提供了更为全面的视角。在案例库中，编目员可以不仅仅关注问题的解决方案，还能了解到问题产生的原因、规范要求的变化等更深层次的信息。这种深度的学习可以帮助编目员更好地理解规范和标准，培养对规范的敏感性，并提高对各种编目情境的适应能力。

案例库的建立也有助于团队之间的协同工作。团队成员可以共享各自的实例分析经验，互相学习和借鉴。这种知识共享不仅有助于提高整个编目团队的水平，还能促进团队的协作学习和共同进步。

案例库应该是一个持续更新和维护的资源。随着实际工作中新的问题和情境的出现，新的实例分析结果应该及时加入案例库，以保持案例库的实用性和时效性。这样的案例库不仅是对实例分析经验的总结，更是一份反映实际编目工作需求的日常参考资料。

因此，建立案例库是一项具有广泛实际价值的工作。通过充实案例库，编目员在日常工作中能够更自信、更高效地应对各类编目情境，同时也为整个文献编目领域的规范制定和修订提供了有力的实践支持。

三、民国图书目录编纂案例

《民国时期图书总目》作为一部大型的图书目录编纂工具书，承载了整理民国时期图书的繁重任务，全面展示了"革命文献与民国时期文献保护计划"在全国范围内的普查成果。与以往研究不同的是，这个案例并非仅仅局限于特定点或方面的问题，而是广泛涵盖了民国文献编目工作的多个层面，通过丰富的编目实例介绍，注重强调了民国书目数据制作的实际操作意义。

（一）《民国时期图书总目·中国文学卷》概况

《民国时期图书总目·中国文学卷》是于2015年2月正式启动的一项庞大的编纂工作，旨在全面揭示"革命文献与民国时期文献保护计划"普查成果，以服务社会各界。该总目收录的图书信息项目共有九个方面，包括顺序号、题名、责任者、版本、出版发行、形态细节、丛书、提要及附加说明以及馆藏标记。

"中国文学卷"是其中之一，系统梳理了我国古典文学丰富灿烂的文化遗产以及五四运动至新中国成立之前的中国现代文学作品的书目。这一卷涵盖了《诗经》《楚辞》、汉赋、唐诗、宋词、元曲、明清小说等中国文学的瑰丽华章，同时也包括了一大批新文学作家的优秀作品。作为《民国时期图书总目》的十八卷之一，"中国文学卷"汇集了超过4万条书目数据，包含了大量的名家名作，涉及了众多人名、题名、地名等规范文献，是文学类专题书目的一次大规模结集。

这一工作的目标是为研究者、学者和社会各界提供一个全面而翔实的资源，使其更好地理解民国时期的文学精华。通过收录丰富的文学作品和相关信息，该卷为研究者提供了一个系统而完整的视角，有助于挖掘和理解中国文学的发展历程。整个《民国时期图书总目》项目以其全面性和深度性，为研究者提供了一个宝贵的工具，促进了对中国文学历史的深入研究。

（二）"中国文学卷"书目数据存在的问题

由于各收藏单位的编目基础和方式不同，提交的基础书目数据标准不统一。民国书目因著录信息的不规范、不完备，分类标引信息存在缺漏、不准确的情况，给后续编纂、整理工作带来了诸多困难。

1. 重复数据多

在处理重复数据问题时，我们必须深入了解数据一致性的本质问题。数据的一致性问题主要源于各种数据元素的著录位置不一致，这在民国书目和现代书目中都是一个普遍存在的挑战。以题名为例，附加成分的著录位置不一致导致了大量的重复数据，如"激流之一"和"抗战三部曲"等信息的著录位置不统一。解决这一问题的关键是在整个编目过程中规范各种数据元素的著录位置，确保数据的一致性，减少因著录位置不同而导致的重复。

著录信息源的选取不一致也是导致重复数据的一个重要原因。信息源的不一致性可能来自编目员对著录信息的选择标准存在差异。为了解决这个问题，需要在编目工作中明确统一的信息源，并明确规范的选取原则。这有助于提高著录信息的准确性和一致性，推动文献编目的标准化与规范化。

在处理重复数据时，需要关注出版发行者的选择不同所带来的挑战。在民国图书中，出版者和发行者通常同时出现在规定信息源上，而不同机构对数据的选取标准存在不一致性。通过规范对出版发行者的著录位置和选取原则，可以降低重复数据的产生率，提高编目的一致性。

在解决数据重复问题时，出版发行地的不一致著录也是一个需要关注的方面。由于抗战时期社会动荡，许多发行所和发行的不固定，导致了大量的重复数据。解决这一问题需要加强对出版发行地变迁沿革的了解，制定明确的著录规范，以减少因著录不一致而引起的数据重复。

2. 繁简字、异体字、新旧字的转换问题

在民国书目编纂中，繁简字、异体字、新旧字形的处理是一个常见而复杂的问题，特别是在旧籍整理与回溯书目的工作中，这一问题显得尤为突出。对于异体字的处理，目前编纂人员通常依赖《通用规范汉字表》进行转换，然而在实际操作中，仍然存在许多挑战和问题。

在《民国时期图书总目》中，题名与责任者中异体字的出现频率相当高，不同机构采取的处理方式千差万别。有的机构选择客观著录，保持原文的异体字形，而另一些机构则选择采用简体字代替异体字。这导致了混乱的局面，有时甚至同一书目在不同机构的记录中，异体字的处理方式截然不同，引发了不少争议和错误。

例如，对于"沈"和"沉"之间的异体字关系，有的机构将《春风沉醉的晚上》著录为《春风沈醉的晚上》，而另一些则保持原样。类似的，"吊"和"吊"是同义异体字，但《借女吊孝》在某些记录中被著录为《借女吊孝》。对于"盦"和"庵"之间的关系，以及责任者名字中的异体字形，如"王禹偁"与"王禹称""裴毓麐"与"裴毓麟""李东垫"与"李东野"，各机构之间存在较大的著录分歧。

在责任者名字的著录中，不同形式的存在并非著录错误，而是源于古籍中的不同表达方式。例如，"吴趼人"与"吴研人""冼群"与"洗群"，这些并非简单的错误，而是文献中存在两种或多种形式。

3.版本的逻辑关系问题

在民国时期，图书版本的种类繁多，情况复杂，因此版本信息的著录在书目编纂中面临一系列挑战。为了让读者通过书目能够迅速了解一本书的版本与出版沿革信息，编纂人员需要尽可能提供清晰详细的版本信息。在处理版本信息时，不同类型的版本应当得到准确著录，特别是一些民国图书特有的版本说明，如油印本、影印本、石印本、抽印本等，都应该被纳入著录范畴。

民国图书的版本类型不仅包括再版、修订版、增订版、重版等一般性描述，还涉及一系列含有地名字样的版本，如上海初版、沪初版、沪版、重庆初版、渝初版、渝版、蓉版、粤版、赣县初版、沪1版、渝1版、蓉1版、赣1版、桂1版、湘1版、连城1版、京1版、平1版、港1版、东南1版等。这些版本信息的著录对于准确展示一本书的版本历史至关重要。

《民国时期图书总目》为了处理相同题名、责任者和出版者的情况，将其合并为一个条目。在同一条目下，不同版本的作品原则上按出版时间先后排序，同时兼顾版次顺序。然而，由于一本书可能在同一年内多次再版重印，同一条目内各版本的出版时间逻辑关系可能不合乎常理。此外，由于出版发行机构的频繁迁移，导致版本与出版发行地的著录逻辑关系也可能不一致。特别是当版本中含有地名字样时，编纂人员需要特别注意核查出版发行地的准确性。

在书目核查过程中，为了解决这些版本的逻辑问题，编纂人员需要查阅大量书影，核实版本信息，以保持逻辑关系的合理性和一致性。这种工作对于提升版本信息著录的准确性至关重要，同时也有助于读者更好地理解一本书的版本历史。

4. 出版发行地的著录问题

关于多个出版发行地的问题，民国时期同一出版发行者可能对应多个出版发行地，尤其在七七事变后，上海地区的出版业集体性大迁徙。这导致了出版发行地的多样性，包括武汉、长沙、广州、重庆、桂林、昆明、成都等地。编纂人员在处理这类情况时，应当准确记录不同的出版发行地，使得书目信息能够全面展现不同地域的出版历史。

关于出版发行地的新旧名称问题，需注意出版发行地的旧称与现称的统一。例如，北平与北京、"新京"与长春等，这些地名的变迁关系应在著录中得到清晰描述。在编纂《民国时期图书总目》时，当信息源上出现旧地名时，建议以旧地名（新地名）的形式著录，以便用户检索时能够得到参考。

处理大小出版发行地的问题时，应尽量将出版发行地著录到市一级，省略省、市、县字，确保著录信息的简洁和准确。在城市名不明确的情况下，可以选择其他更大或更小的地点名称，并在需要时在城市名后圆括号中加上其所属省份，以提高数据的清晰度。

解决出版发行地与出版发行者名称的统一问题时，需要统一编目机构的处理原则。如果出版发行者名称中包含地名，应在统一的原则下进行著录，以免造成数据分散在不同条目的情况。在不影响信息识别的前提下，可以考虑去掉出版发行者名称中的关联地名，以简化数据记录，提高数据的整体一致性。

5. 分类标引错误较多

对于归类错误的问题，编制《民国时期图书总目》需要准确规范各著录项目，确保分类组织的准确性。然而，存在中国文学类 I2 与语言文字 H 类、艺术 J 类、教育 G 类等类目交叉的情况，导致文学学术著作与文学作品的错误归类。例如，将专业的文学学术著作及供欣赏用的文学作品归入中小学校的读物，或者将以学习语文为目的的读物误归入文学类，这种错误导致了《民国时期图书总目》的分卷错误。在编目过程中，应加强对各类目之间的边界划分，明确文学学术著作与文学作品的分类准则，避免数据归类错误。

细分类别缺乏准确性和统一性是另一个亟待解决的问题。文学作品按照体裁进行分类，但由于编目人员对某些文体形式不够了解，导致了分类的不准确或不一致。以曲艺为例，弹词、鼓词常常与章回小说混淆，造成了归类混乱。解决这一问题的关键在于提高编目人员对各种文体形式的理解，通过培训和规范的分类标准，确保对曲艺等特殊文体的准确归类。此外，要解决弹词与鼓词的区分问题，可以通过深入研究文体特点和演奏乐器等方式，制定明确的分类规则，避免混淆。

在细分作品与作品研究、作品的时代划分等方面存在的问题也需要得到解决。文学作品的分类应以著者所属的时代为准，但在实际编目中存在按照作品内容涉及的时代或编者、点校者的时代进行归类的情况。这种混淆可能导致同一作品在不同类别中的重复著录，影响了图书总目的整体结构。通过制定明确的时代划分标准，并对编目人员进行培训，可以解决这一问题，确保时代划分的准确性和统一性。

6.装帧形式的著录问题

装帧形式的著录问题在编制《民国时期图书总目》中显得尤为突出。这主要源于联编平台的原始数据存在漏著录或省略著录的情况。为确保准确性，需对原始数据进行仔细审查，查找并补充漏著录或省略著录的装帧形式信息。在此基础上，通过全面核查书影，特别是依赖于国家图书馆等权威机构提供的民国图书数据库，以获取更多的实际装帧形式信息。

一些书目虽然已经核查到了书影，但其实际装帧形式并不明显。为解决这一问题，需要深入研究装帧形式的定义和特点，尤其是针对具体版本的装帧形式差异。借助于孔夫子网等平台提供的封面图片，有助于更准确地判断实际的装帧形式。同时，版权页上的明确说明也是解决这一问题的重要线索，因此在进行书影核查时，应仔细查阅版权页等相关信息，以获取装帧形式的准确记录。

对于存在多种版本装帧形式差异的书目，需要制定合理的分类规则和著录标准。特别是对于精装、平装混合出版的情况，要进行详细的版本与装帧形式的核查，确保不同版本之间的装帧形式信息统一。在缺乏书影的情况下，或者版本中存在差异，无法一一核查的情况下，应该在著录中明确注明"装帧形式不详"等信息，以避免误导读者。

对于同一条目下各版本装帧形式的统一，需要进行全面而系统的审查。确认是否存在精、平装混合的情况，以及不同版本之间装帧形式的一致性。在整个著录过程中，要保持对版本与装帧形式的连续性关系的敏感性，及时发现并纠正可能存在的问题，确保数据的准确性和可信度。

（三）《民国时期图书总目》编纂视角下的民国文献编目

1.重视作品层信息的描述与检索

在《民国时期图书总目》编纂中，对于作品层信息的描述与检索的重视体现了 Bibframe 2.0 模型的应用。该模型通过核心类——作品（Work）、实例（Instance）、单件（Item）的分层描述，从抽象到具体层次，使编目资源的信息更为精细化和层次化。在新版《民国时期图书总目》中，已经具备了从作品层组织书目的意识，通过将同题名、同责任者、同出版者的数据合并在一个条目内，实现了信息的集中存储。然而，在处理题名时，目前仍停留在实例（即载体表现）层，未能使用作品层的统一题名进行组织。

特别需要关注的是责任者范畴的著者信息。在《民国时期图书总目》基础数据中，存在对著者信息的不一致性和缺失，影响了用户选择、识别、查找作品的体验。在编目中，应遵循客观著录的基本原则，根据规定信息源上记载的著者形式与数量进行客观描述。缺失的原著者信息是否需要补录到 200 字段，以及补录的程度，是当前需要解决的问题之一。在这一过程中，需要在著录中注明"装帧形式不详"等信息，以确保数据的准确性。

2. 加强规范文档的建设

《民国时期图书总目》编纂中涉及大量人名与题名的变异形式，尤其是在"中国文学卷"等专题中。在这方面，规范文档的建设变得至关重要。规范文档应对人名、题名等同义异名的词汇进行名称形式上的控制，以增强不同名称形式之间的指引关系。然而，规范文档的建设是一项耗费成本高的工作，需要长期维护和不断更新。

在规范文档的建设中，对人名的处理需要考虑原名、笔名、字号、别名等多种形式，以确保人名信息的一致性和准确性。此外，对于跨时代人物，其朝代信息的著录应保证权威、规范，尤其在责任者的朝代等附加成分的处理上，需要查全、查准。对于各种异名，规范文档应有明确的控制和统一原则，以确保在目录中的一致性。

3. 辩证运用现行编目规则

编纂《民国时期图书总目》要在编目规则的基础上，结合文献特点、收录范围、出版项目等多方面因素，灵活运用现行编目规则。民国时期图书处于现代版式图书的形成期，与现代图书在版式、语言、文字等方面存在差异，因此编目规则不能简单照搬现代图书的编目规则。需要制定适合民国图书的编目规则，特别是对于题名页信息不完整的情况，需根据民国图书的实际情况制订规则，而非生搬硬套。

此外，书目编纂与文献编目并非等同，因此文献编目规则不能简单套用于

《民国时期图书总目》的编纂规则。编纂规则应根据文献特点、收录范围、出版项目等多方面情况进行调整和优化，以更好地指导实际编纂工作，提升编纂效率。在编纂过程中，可能需要对规则进行一定的调整，例如在著录责任者信息方面，灵活运用规则以达到相对平衡的效果。

4. 提升主题编目的质量

主题编目的质量是《民国时期图书总目》编纂中需要特别关注的方面。标引的准确性、一致性和标引深度的适度性是评估主题编目质量的关键指标。在编制《中国文学卷》等专题时，需要克服随意性和盲目性，减少标引误差，确保对同一主题的文献具有相同的检索标识。

为了实现主题编目的一致性，需要将内容相同或相近的文献集中归入同一个类目，避免将同一作品的不同版本或同性质的文献归入不同的类。在进行主题编目时，需要考虑不同类目之间的关系，实现前后一致统一，避免分类差异直接导致条目与版本的分散。同时，要注意分类号的统一，避免由于分类号差异导致条目分散，从而影响主题编目的质量。

5. 强化专题培训，优化队伍建设

在编纂《民国时期图书总目》这一复杂而细致的任务中，强化专题培训与优化队伍建设显得尤为关键。此项工作对编纂人员提出了较高的专业要求，要求他们具备丰富的专业知识和经验，以胜任对大量文献进行核查、判别、整理等关键步骤的工作。团队的建设和培训成为确保编纂质量的保障，有助于提高团队整体素质和协作效率。

对编纂人员进行专业培训显得尤为重要。鉴于《民国时期图书总目》的编纂需要对大量文献进行核查、判别、整理，编纂人员需要具备对民国时期图书特点、历史脉络等的深刻认识。专业培训内容可以涵盖书目查重、主题编目、数据质检等专业知识，以确保编目人员在处理各类文献时具备足够的专业水平。培训过程中应注重实际案例的讲解，使编纂人员能够更好地理解和应用所学知识。

团队的建设需要强调团队协作与通力合作。编纂《民国时期图书总目》是一项庞大的工程，需要集体智慧和通力合作。团队成员之间应通过业务培训、业务指导、专题研讨等方式建立紧密的协作机制，以提高工作效率。在大规模文献查阅和编目过程中，团队协作将成为保证工作流畅进行的基础。

规范文档的使用与更新也是团队建设的一项关键任务。规范文档在编纂过程中的作用不可忽视，应作为参考依据，以确保著录信息的一致性和准确性。定期更新规范文档，及时反馈团队在编纂过程中的实际问题和反馈，以使规范文档能够不断适应实际需求。团队成员需要充分了解规范文档，将其贯彻到实际操作中。

建立业务研讨会与畅通的沟通渠道，使团队成员能够及时沟通、协商，解决在编纂过程中遇到的问题。专业领域的研讨会有助于团队成员分享经验、讨论专业问题，促进团队内部的交流与学习。

宣传与推广也是强化专题培训与优化队伍建设的一项重要举措。对《民国时期图书总目》编纂工作进行宣传与推广，增强从业人员的意识与站位，激发他们对这项工作的兴趣和责任感。通过宣传活动，可以吸引更多专业人才加入编纂工作，从而扩大团队规模，提高编纂效率。

第六章　文献编目实例详解

第一节　典型文献编目实例

一、文献基本信息

（一）作者信息

在该文献中，主要责任者为张明，同时还有其他参与编写的作者。根据著录规则，我们应该准确记录主要责任者，并在需要时补充其他责任者的信息。在字段 2 – 著录信息块中，作者著录的格式应符合规范，包括姓、名的次序，以及作者之间的逗号分隔。

1. 主要责任者

在著录信息块中，我们遵循了著录规则，清晰地记录了主要责任者张明的姓名。按照中文姓名的书写次序，我们将姓氏放在前面，确保了著录的准确性。张明作为主要责任者，其名字在整个作者著录中占据首要位置，这样的著录方式不仅遵守规范，也有助于读者迅速识别文献的主要创作者。

在处理多个作者时，我们使用逗号进行分隔，以明确表示各个作者之间的关联。这有助于建立作者之间的清晰层次，使读者能够准确识别主要责任者与其他参与编写的作者之间的区别。逗号的运用是基于著录规则的要求，确保了著录信息的结构合理、易于理解。

这一著录方式不仅仅是符合规则的机械操作，更在于对中文姓名书写次序的敏感应用，使得文献信息的呈现更具中国学术规范。在整个著录过程中，我们注重了著录信息的一致性，使得不同作者之间的著录格式保持一致性，提高了整体编目的质量。

2.其他责任者

在著录信息块中，我们遵循著录规则的要求，在需要时补充了其他责任者的信息，以确保作者著录的完整性。这一处理方式不仅是对规范的敏感应用，更是为了呈现文献编写的全貌，使读者能够准确了解参与文献创作的所有作者。

在实际的图书编目与著录工作中，文献往往涉及多个责任者的合作，因此，我们在作者著录中不仅准确记录了主要责任者，例如张明，还注意在需要时补充了其他责任者的信息。这种做法不仅遵从了著录规则的要求，也有助于建立一个完整的作者团队形象，使读者能够全面了解文献的合作背景。

通过这样的著录方式，我们为读者提供了更为全面的作者信息，使其能够更好地了解文献的知识生成过程。这有助于读者更全面地认识到文献背后众多责任者的贡献，促使学术界更加重视多人合作的学术实践。

（二）题名信息

文献的题名为《现代信息组织学导论》。根据规则，我们需要正确著录题名及副题名，并在需要时使用适当的符号和标点。副题名中的特殊名词或术语也应该按照规范进行标点和大小写处理。

1.题名著录

在文献的著录信息块中，我们以高度精准的方式进行了题名著录，确保了文献主题的准确呈现。文献的主题名为《现代信息组织学导论》。按照规范的著录方式，我们在主题名后使用冒号进行分隔，以保证题名著录的规范性和一致性。

这样的著录方式不仅仅是对规则的严格遵守，更是为了使读者能够迅速而准确地识别文献的主题内容。主题名作为文献著录中的核心元素，承载着文献的核心思想和研究方向。通过精准的主题名著录，我们为读者提供了直观而明确的信息，有助于读者在众多文献中迅速定位并了解该文献的研究领域。

同时，冒号的使用是遵循规范的标点符号，它不仅在视觉上使文献信息更加清晰，也符合学术出版物著录的一般惯例。冒号的运用在题名后进行分隔，有助于构建一个规范的著录结构，提高了文献著录的整体质量。

2.副题名处理

在文献的著录过程中，我们注意到副题名的缺失情况，并根据著录规则做出了相应处理。在副题名的位置上，我们选择留空，避免不必要的标点符号，以保持著录的简洁性和规范性。

副题名在文献著录中通常用于进一步说明主题名，提供更为详细的信息。然而，面对缺失的副题名情况，我们秉持规范著录的原则，在副题名位置上留白。这一处理方式不仅符合著录规则的要求，更体现了对文献信息真实性的追求。

保持副题名留空的著录方式有助于避免误导读者，确保著录信息的准确性和规范性。通过简洁而明了的著录结构，我们为读者提供了清晰而真实的文献信息。这样的处理方式是对著录规则的灵活运用，使得我们在面对文献信息缺失的情况下，依然能够确保著录的规范性和可读性。

（三）出版信息

出版信息包括出版者、出版地、出版年等。在该文献中，出版者为"知识出版社"，出版地为"北京"，出版年为"2022年"。根据规则，我们应该清晰地记录这些信息，出版年的著录也需要符合规范，包括年份的完整写法。

1.出版者著录

在文献的著录过程中，我们着重对出版者信息进行精确著录，以确保出版者的准确呈现。文献的出版者为"知识出版社"，在著录信息块中，我们精准地记录了这一信息，遵循规范的著录方式。

依据著录规则，我们在出版者信息后使用逗号与其他出版信息进行分隔。这种处理方式有助于建立清晰的著录结构，使各项出版信息之间的逻辑关系一目了然。逗号的运用不仅符合规范，更确保了出版者著录的整体准确性。

通过对出版者的精确著录，我们为读者提供了关于文献来源的明确信息。出版者作为文献著录中的重要元素，直接关系到文献的权威性和可信度。因此，我们在著录中注重出版者信息的真实性，力求将读者引向可信赖的学术资源。

出版者著录的精确性不仅是对规范的遵循，更是为了提供可靠的文献信息。这种精细的著录方式有助于读者对文献的学术背景有更为全面的了解，为学术研究提供了可信赖的参考依据。

2.出版的著录

在文献的著录过程中，我们特别注重对出版地信息的规范著录，以确保出版地的准确性和符合规范的呈现方式。文献的出版地为"北京"，在著录信息块中，我们精准地将这一信息规范地呈现，遵循规范的著录方式。

按照著录规则的要求，我们在出版的信息后使用逗号与其他出版信息进行分隔。这一处理方式不仅有助于构建清晰的著录结构，使各项出版信息之间的关系更加明了，也保证了出版的著录的整体规范性。

通过对出版地的规范著录，我们为读者提供了关于文献产生地的准确信息。

出版地作为文献著录中的重要元素之一，直接关系到文献的地域背景和文化环境。因此，我们在著录中注重出版地信息的真实性，以确保读者能够获取到可靠的地域背景信息。

3. 出版年著录

在文献的著录过程中，我们遵循规范的著录规则，对出版年信息进行了清晰而准确的记录。文献的出版年为"2022 年"，在著录信息块中，我们精准地呈现了这一信息，同时使用逗号与其他出版信息进行分隔，以确保出版年著录的规范性。

根据规范的著录方式，我们将出版年的著录呈现为"2022 年"，确保了年份的完整写法。逗号的使用不仅是符合规范的标点符号要求，更有助于构建清晰的著录结构，使各项出版信息之间的逻辑关系一目了然。

通过对出版年的规范著录，我们为读者提供了文献产生的时间线索。出版年作为文献著录中的基本元素之一，直接关系到文献的时效性和研究背景。因此，在著录中我们注重出版年信息的真实性，确保读者能够获取到准确的时间信息。

二、特殊情况处理

（一）多卷册问题

该文献是一本多卷册的图书，总共分为三卷。在著录时，需要特别注意各卷之间的关系和如何准确地体现这种多卷册的结构。

1. 款目连接块的应用

在面对多卷册图书的编目情境时，我们秉持着著录规则的原则，巧妙地应用了款目连接块，以明确而清晰地表示各卷之间的内在关系。在字段 4 - 款目连接块中，我们进行了详细的描述，旨在确保读者能够深入理解这三卷之间的内容衔接，进而更好地掌握整个图书系列的内涵。

款目连接块的应用不仅是对规范的灵活运用，更是为了呈现多卷册图书的系统结构，使读者能够更全面地把握各卷之间的关联与发展。在这个过程中，我们注重使用清晰而简明的语言，将各卷之间的关联性以及在整个图书主题中的地位呈现得尽可能清晰。

通过款目连接块的精准应用，我们为读者提供了更为深入的阅读指引，使其能够更全面、系统地理解多卷册图书的内在逻辑和关联关系。这种著录方式不仅满足了规范的要求，更为读者提供了更加丰富和深度的阅读体验。

款目连接块的应用是对规范性的积极践行，体现了著录工作在提升读者对多卷册图书理解深度方面的努力。这一实践有助于促进学术资源的更好利用，为读者提供更为完整、系统的学术信息。

2. 主题分析块的利用

在编目工作中，我们精准地运用了主题分析块，为多卷册图书提供了更为详尽的主题范围说明。在主题分析块中，我们详细注明了各卷的主题范围，旨在让读者更好地了解每卷的具体内容，同时使整体编目信息更加完善。

主题分析块的运用不仅是对规范的贯彻，更是为了满足读者对多卷册图书更深入理解的需求。通过清晰而简明的语言，我们使每卷的主题特征在主题分析块中得以明确呈现，使读者能够在阅读编目信息的同时准确地把握到各卷的研究方向和内涵。

这一处理方式的优势在于，不仅强化了各卷之间的主题关联，也使整个多卷册图书的主题特征更加鲜明。读者通过主题分析块能够事先了解到各卷的重点领域，有助于更有针对性地选择阅读内容，提高了图书信息的利用效率。

（二）丛编处理

文献属于一部丛编图书，该丛编名为"图书馆学丛书"。在实际著录中，我们需要特别注意如何明确标示该丛编的信息，以及如何进一步对丛编进行专业而清晰的描述。

1. 附注块和相关提名块的运用

在著录多卷册图书时，我们巧妙地运用了规范中规定的字段 3 − 附注块和 5 − 相关提名块，以明确标示丛编图书的相关信息。这一操作是为了满足读者对该丛编的全面了解需求，为其提供更为详尽的背景信息。

我们选择在字段 3 − 附注块中提供了关于"图书馆学丛书"的相关信息。在这一块中，我们详细注明了该丛书的背景和特征，包括其主题范围、编委会成员、出版历史等方面的信息。通过附注块的运用，我们确保读者能够在编目信息中获取到对丛书的全面认知，为其决策阅读提供有力支持。

我们运用了字段 5 − 相关提名块，列举了丛编的各部分。这一块中，我们详细罗列了丛书的各个部分，包括卷册编号、主题概述等，为读者提供更为详细的信息。通过相关提名块的运用，我们不仅强化了各卷之间的内在关联，也使读者能够准确地把握到整个丛编图书的组织结构和内容特征。

这种巧妙的字段运用不仅符合著录规则的要求，更是为了满足读者对多卷册图书更全面了解的期待。通过对附注块和相关提名块的精准应用，我们实现了著录信息的全面性和准确性，为读者提供更为完善的学术资源。这一实践不仅服务于图书编目的规范要求，更为学术研究提供了有益的参考与指导。

2. 主题分析块中的简要分析

在字段 6－主题分析块的巧妙运用中，我们对该丛编的主题进行了简要而精准的分析，旨在让读者更好地理解整个丛编的学科领域和研究方向。这一处理不仅是对规范的贯彻，更是为了提供读者更深入的背景信息，使其能够更全面地理解该文献的学术价值。

在主题分析块中，我们以简明扼要的语言对该丛编的主题进行了阐述。通过准确而清晰的描述，我们突出了该丛编的学科领域和研究方向，使读者能够在阅读编目信息的同时深入了解该文献所涉及的具体内容。

这样的主题分析不仅有助于读者对整个丛编的学术方向有一个直观的认知，同时也为其提供了更为全面的文献背景。通过对主题的简要分析，我们旨在引导读者更有针对性地选择阅读内容，提高了文献信息的利用效率。

三、规则应用与注意事项

（一）作者著录规则应用

1. 作者著录规则应用

在著录作者信息的过程中，我们遵循了严格的作者著录规则，将主要责任者的姓名放置于著录信息的首位，以表现对规范性的积极贯彻。具体地，在字段 2－著录信息块中，我们以规范的方式展示了作者信息，按照中文姓名的书写次序，即姓在前。同时，我们运用逗号进行了作者之间的清晰分隔，使得整个著录信息呈现出严密有序的特征。这种严谨的著录方式不仅体现了对规则的尊重，同时有助于读者迅速而准确地识别文献的主要责任者，为信息检索提供了可靠的参考依据。

通过这一著录方式，我们有效避免了作者信息排列的混乱和不明确，为读者提供了一种清晰、有序地获取信息的途径。这对于学术研究和图书检索具有重要的意义。通过规范作者著录，我们不仅保障了著录信息的准确性和完整性，还为读者提供了一个高效而可靠的方式来获取文献的关键责任者。这一实践不仅符合图书编目的规范要求，更为学术研究提供了有益的参考与指导。

2. 作者著录的中文姓名次序

在著录信息块中，我们在处理中文作者姓名次序时，严格遵循了规则的要求，以确保著录的规范性和一致性。具体而言，我们将作者姓名按照姓在前的中文姓名书写次序进行了规范的排列。这一处理方式不仅是对规则的积极响应，更为读者在获取作者信息时提供了清晰而有序的参考依据，从而提高了整体信息检索的效率。

中文姓名按照姓氏在前的次序进行著录，符合汉语语言文化传统，同时也是图书编目规则的基本要求。通过这一规范的处理方式，我们确保了作者姓名的呈现不仅遵守了相关标准，更使读者能够迅速理解姓名排列的逻辑，降低了信息获取的认知负担。

这种中文姓名次序的规范著录方式，对于读者来说是一种直观而易于理解的信息呈现方式。在中文环境中，按照姓氏在前的次序处理作者姓名已经成为一种常规做法，有助于提高信息检索的效率和准确性。这也是对图书编目规则的贯彻执行，为读者提供了便捷而规范的信息获取体验。通过这一实践，我们旨在为学术研究和阅读者提供更加符合规范的服务，推动图书编目工作的规范发展。

3. 作者著录中的逗号使用

在字段 2 – 著录信息块中，我们严格按照规则的要求运用逗号作为作者之间的分隔符，以确保著录信息的一致性和清晰性。逗号在这一过程中充当了重要的角色，清晰地划分了不同作者之间的关系，使整个作者信息呈现出清晰明了的结构。这样的著录方式不仅有助于防止信息混淆，更为读者提供了准确的作者列表，为学术研究提供了可靠的参考依据。

逗号的使用不仅在排版上具有美感，更是对作者信息进行有效区分的关键工具。通过逗号的精准运用，我们确保了每位作者的身份在整个作者列表中的独立性，使得读者可以迅速而准确地获取作者信息。这种清晰的信息呈现方式不仅提高了读者对作者身份的识别效率，也为进一步的学术研究提供了可信赖的基础。

在整个著录过程中，逗号的规范使用是对规则的细致遵循，是对信息著录准确性和专业性的保证。这种著录方式的选择不仅是出于对规则的尊重，更是为了提供给读者一个易于阅读和理解的著录信息，从而为学术研究和图书检索提供了实用而可靠的工具。

（二）题名著录规则应用

1. 主题名和副题名

在著录信息块的处理中，我们严格按照规则的要求将文献的主题名和副题名分别著录，并运用冒号进行了适当的分隔。在字段 2 – 著录信息块中，我们保持了著录方式的规范性，旨在使读者能够迅速而准确地了解文献的主体内容。

主题名和副题名的明确分隔是对著录规则的有效贯彻，也是为了提供一种清晰、直观的信息呈现方式。通过采用冒号进行分隔，我们不仅遵循了规范，还为读者提供了一个方便的阅读结构，使他们能够迅速抓取文献的核心主题。这种规范的著录方式不仅有助于信息的准确传达，也符合学术研究中对于信息清晰度的基本要求。

主题名和副题名的规范著录，不仅为读者提供了明确的信息指引，还为后续的学术研究和检索工作提供了可靠的基础。通过这一实践，我们旨在推动图书编目工作的规范发展，为学术研究者提供更加便捷、高效的信息获取途径。

2.副题名中的术语处理

在处理副题名中的术语时，我们严格按照规则使用了规范的标点，以确保副题名的清晰性和专业性。在字段2－著录信息块中，我们通过对副题名的细致处理，旨在为读者提供一个准确理解文献内容特点的著录方式。

副题名作为文献信息中的重要组成部分，其中包含的术语往往是文献内容的关键特征之一。为了确保信息的准确传达，我们采用了规范的标点符号，既展现了副题名中术语的重要性，又避免了信息歧义的可能性。这样的著录方式有助于读者对文献内容的深入理解，提高了著录信息的专业性和可读性。

通过对副题名中术语的规范处理，我们旨在为读者提供一个清晰而有序的信息呈现，使其能够迅速把握文献的关键特征。这种关注细节的著录方式不仅符合著录规则的要求，也为学术研究者提供了一个更加可靠的信息检索基础。通过这一实践，我们致力于提高图书编目工作的质量，为学术界的信息交流搭建更加稳固的桥梁。

（三）出版信息著录规则应用

1.出版者著录

在处理出版信息的著录中，我们切实按照规则的要求，对出版者的信息进行了严格记录。在字段2－著录信息块中，我们以清晰明了的方式呈现了文献的出版者，准确标识为"知识出版社"，以确保整个著录信息的准确性和规范性。

出版者作为文献信息中的关键要素之一，其准确著录对读者获取文献背后的学术渊源至关重要。通过在著录中明确指出"知识出版社"为文献的出版者，我们为读者提供了一个可信赖的参考点，使其能够清晰了解文献的版权归属和知识传播渠道。

这种细致入微的著录方式不仅遵循了规则的规范性要求，同时为读者提供了一个信息丰富而易读的著录结构，为学术研究和文献检索提供了有力支持。通过这一实践，我们积极推动图书编目工作的规范发展，为学术界的信息交流搭建了更加牢固的桥梁。

2. 出版的著录

在处理出版信息的著录中，我们切实按照规则的要求，对出版者的信息进行了严格记录。在字段2－著录信息块中，我们以清晰明了的方式呈现了文献的出版者，准确标识为"知识出版社"，以确保整个著录信息的准确性和规范性。

出版者作为文献信息中的关键要素之一，其准确著录对读者获取文献背后的学术渊源至关重要。通过在著录中明确指出"知识出版社"为文献的出版者，我们为读者提供了一个可信赖的参考点，使其能够清晰了解文献的版权归属和知识传播渠道。为读者提供了一个信息丰富而易读的著录结构，为学术研究和文献检索提供了有力支持。通过这一实践，我们积极推动图书编目工作的规范发展，为学术界的信息交流搭建了更加牢固的桥梁。

3. 出版年著录

在处理出版年的著录信息时，我们遵循了规则的规范要求，确保了整体著录的准确性和规范性。在字段2－著录信息块中，我们清晰地记录了文献的出版年份为"2022年"，以保证整个著录信息的一致性和可读性。

出版年作为文献信息中的重要时间标识，对于读者准确了解文献的时效性具有重要意义。通过明确指出出版年为"2022年"，我们为读者提供了一个清晰的时间参考点，使其能够在了解文献内容的同时，迅速把握到文献产生的时间背景。

这样的著录方式不仅遵循了规则的规范性要求，同时为读者提供了一个信息完备而易读的著录结构，为学术研究和文献检索提供了实质性支持。通过这一实践，我们坚持将规则贯彻于实际操作，推动图书编目工作的规范化，为学术界的信息传递奠定坚实基础。

（四）多卷册和丛编处理规则应用

1. 款目连接块和相关提名块的运用

在处理多卷册和丛编的著录时，我们秉持着规范性和信息全面性的原则，运用了款目连接块和相关提名块，以确保著录信息的清晰呈现和读者对各部分关系的准确理解。

在字段4－款目连接块中，我们以详细的描述展示了各卷之间的内容衔接。通过精心选择和使用连接词语，我们清晰地呈现了每卷之间的逻辑关系，使读者能够更深入地理解这三卷之间的内在联系。这种方式不仅符合规则对多卷册信息处理的规范要求，还为读者提供了一个结构清晰的著录框架，帮助其更好地把握文献的全貌。

在字段 5 - 相关提名块中，我们列举了丛编的各部分，为读者提供了更为详细的信息。通过明确标示"图书馆学丛书"的相关提名，我们使读者能够更深入地了解该丛编的结构和特征。这种著录方式既遵循了规则对丛编信息的规范处理要求，同时为读者提供了一个全面而有层次感的丛编图书信息检索路径。

通过这一实践，我们不仅充分利用了规则提供的著录工具，更在处理多卷册和丛编信息时保持了高度的专业性和规范性。这种操作方式为图书编目工作提供了有力的指导，并为读者提供了更为丰富和精准的检索工具，推动了图书编目领域的规范与发展。

2. 主题分析块中的阐述

在主题分析块中，我们致力于通过简洁而有力的语言对文献的主题进行深入阐述，旨在为读者提供更为全面的学术信息和更深层次的了解。这一处理方式兼具简明扼要和专业性，确保了编目信息的高度准确性和学术价值。

我们对各卷的主题进行了概要描述。通过挖掘每卷的核心主题，我们使读者能够在较短的文字中把握到各卷的独特内容特点。这有助于读者迅速了解每卷所涉及的学科领域和研究方向，为其更深入地选择感兴趣的内容提供了便利。

在主题分析块中我们对丛编整体的主题范围进行了简要的概括。通过用精练的语言描绘丛编的整体主题，我们为读者提供了一个宏观的学科背景，使其能够更全面地了解该文献所涵盖的学科领域和知识体系。

这样的主题分析不仅使著录信息更加具体、有针对性，也在很大程度上提高了读者对文献内容的理解深度。通过在主题分析块中注重信息的提炼和表达，我们确保了整个编目信息的专业性和学术价值，为读者提供了一份更为全面、深入的学术参考。这一处理方式不仅满足了著录规则对主题信息处理的要求，也为读者提供了更为有益的学科导向。

（五）注意事项

在整个著录过程中，我们本着确保信息的一致性和逻辑关系清晰的原则，以提高编目工作的效率和著录信息的质量。首先，我们特别注重各字段之间的一致性，确保信息的呈现在整体上具有逻辑性，使读者能够迅速理解文献的结构和内容。这种一致性的追求有助于著录信息的整体呈现更加协调和易读。

同时，我们在著录过程中充分考虑了特殊情况，灵活运用规则对这些情况进行合理处理。这不仅包括对多卷册和丛编等复杂情境的规范处理，还涉及对文献信息中可能存在的异常情况的适应性应对。通过在特殊情况下的灵活处理，我们确保了著录信息的准确性和规范性，使其更符合实际应用需求。

随着图书馆学领域的不断发展和规则的不断更新，我们保持对最新规则的关注。这意味着我们及时了解并应用最新的著录规则，确保我们的编目工作符合当前的标准与规范。这种持续关注和适应性更新不仅体现了我们对专业发展的责任心，也确保了我们著录信息的前沿性和时效性。

第二节　规则应用与注意事项

一、著录规则在实例中的具体应用

（一）作者信息的准确记录

根据通则，著录作者信息是文献编目中的关键步骤。在实例中，我们需要特别关注主要责任者和其他责任者的记录，以保证作者著录的完整性和准确性。主要责任者通常是文献的主要创作者，而其他责任者可能涉及编辑、翻译等贡献者。通过深入实例分析，可以发现不同文献类型对作者信息的要求和处理方式，为编目员提供具体操作的指导。

1. 主要责任者的记录

在实例中，对主要责任者的记录是文献编目中至关重要的环节，其规范性直接关系到著录信息的准确性和一致性。主要责任者通常是文献的主要创作者，因此其记录需要遵循规范的姓名格式，以确保著录信息的规范性和易读性。

实例分析时应特别关注姓名的顺序。按照规范的姓名著录方式，姓氏应放在前面，名字在后面。

对于可能涉及团体作者或机构作者的文献，实例分析需要根据通则进行规范著录。在这种情境下，可能涉及组织机构的全名、缩写、地名等信息的处理，需要编目员在实例分析中充分理解规范，确保对这些特殊责任者的记录符合规范要求。

实例分析有助于编目员更好地理解处理不同责任者情境下的姓名记录规则。通过具体案例的展示和分析，编目员可以学习如何应对各种责任者情境，确保姓名记录既规范又准确。实例分析还可以涉及姓名变更、多主要责任者等情况，帮助编目员形成对复杂情况的处理策略。

在实例中深入讨论主要责任者的记录规则，不仅有助于规范编目操作，提高著录信息的质量，还能够培养编目员对规范的敏感性和独立判断能力。这些方面的细致分析将有助于编目员更好地应对各类责任者情境，提高整个编目团队的专业水平。

2.其他责任者的记录

在实例分析中，对于其他责任者的记录同样是文献编目过程中需要高度关注的方面。除了主要责任者，文献可能涉及多位其他责任者，如编辑、翻译等，而对这些责任者的准确记录对于著录信息的完整性和清晰性至关重要。实例分析有助于揭示不同文献类型中其他责任者信息的变化和规范处理方式，为编目员提供更具体的操作指南。

实例分析时需要关注其他责任者的具体角色。不同的责任者在文献中可能承担不同的任务，如编辑对文献的整体结构和内容进行管理，翻译负责将文献转化为另一语言等。在记录其他责任者时，需要注明其在文献中的具体职责，以确保读者对各责任者的贡献有清晰的认识。

实例分析可以深入研究不同文献类型对其他责任者信息的处理方式。有些文献可能涉及多位编辑，而另一些可能由翻译完成。通过实例分析，编目员可以学习如何根据规范的要求来记录这些不同责任者，保证记录的一致性和准确性。

实例分析还有助于在处理其他责任者信息时应对可能遇到的复杂情况，如责任者变更、多责任者的排序等。通过具体案例的讨论和分析，编目员能够更好地理解规范中关于其他责任者的相关规定，从而在实际操作中更加得心应手。

（二）题名著录的规范应用

在实例中，题名著录是另一个需要重点关注的方面。根据通则，规范地著录书名、副题名等信息对于确保题名信息的一致性和清晰度至关重要。实例分析有助于编目员理解不同文献类型中题名著录的特殊要求，避免因题名著录不当而导致的信息混乱。

1. 书名的规范著录

在进行实例分析时，书名的规范著录是文献编目中一个至关重要的方面。对于书名的著录方式，包括是否使用斜体、是否标注版次等细节，需要根据规范要求进行准确的处理。实例分析通过具体案例的讨论和研究，有助于编目员更好地理解这些规范，并在实际操作中得以贯彻。

实例分析应关注是否需要使用斜体来著录书名。一些规范对于书名的格式有具体的要求，可能规定使用斜体以突出书名，或者在特定文献类型中禁止使用斜体。通过实例分析，可以学习到在不同情境下如何正确地运用斜体，确保书名的著录符合规范。

实例分析还有助于理解是否需要标注书名的版次。有些文献要求在书名后标注版次信息，而另一些则可能不需要。通过深入分析实例，编目员可以掌握在处理不同文献类型时如何判断是否标注版次，确保版次信息的准确著录。

实例分析还能揭示一些特殊文献类型对书名处理的额外规定，如是否需要对书名中的特定词汇进行特殊标注或处理。通过具体案例的研究，编目员可以了解并熟悉这些特殊情况的处理方法，提高对书名著录规范的理解水平。

2. 副题名的记录

在实例分析中，副题名的记录是文献编目过程中需特别关注的一个方面。副题名通常作为书名的附加说明，其著录涉及何时需要记录副题名以及如何准确、规范地进行记录。实例分析通过对具体案例的深入研究，有助于揭示不同文献中副题名表达方式的变化和相关著录规则的应用。

在进行实例分析时，首先需要考察文献的特征，确定是否存在明确的副题名。有些文献可能没有副题名，而有些则可能存在一个或多个副题名。实例分析可以通过具体案例的比较，让编目员更好地理解何时需要记录副题名，以避免不必要的著录。

其次，实例分析有助于理解副题名的表达方式。副题名可能以冒号、破折号等符号与书名分隔，也可能直接接在书名后。通过实例的比较研究，编目员可以学习到在不同情境下如何准确地记录副题名，确保著录信息的一致性和准确性。

此外，实例分析还可以揭示对于特殊情况的处理方式，例如副题名中包含特殊符号、非拉丁文字或需要特殊标注的情况。编目员通过研究实例，能够了解在这些特殊情况下应该如何规范著录副题名，以符合相关的编目规则。

二、实例分析中需要特别注意的问题与技巧

（一）规则的灵活运用

在进行实例分析时，编目员需要具备灵活运用规则的技能。这包括在面对特殊情况时不僵化于规则文字，而是能够理解规则背后的原则，并根据实际情境做出合理的决策。实例分析的目的之一就是帮助编目员在具体操作中更加熟练地运用规则，尤其是面对一些不在规则明文规定中的情况时，通过灵活运用规则原则来保证著录的合理性。

1. 逻辑思维的训练

实例分析在文献编目领域中不仅是一种具体的操作方法，更是培养编目员逻辑思维的重要手段。逻辑思维训练通过实例分析得以展开，使编目员能够更合理地应用规则，理解各字段之间的逻辑关系，以确保著录信息的内在一致性。

逻辑思维的培养要求编目员对编目规则有全面而深刻的理解。实例分析提供了实际文献案例，使编目员能够在具体情境中运用规则。通过观察和分析实例，编目员能够更好地理解规则的结构、内涵和应用范围，从而形成对规则体系的整体把握。

逻辑思维训练要关注各字段之间的逻辑关系。在编目规则中，各个字段的著录往往存在一定的关联性，如作者信息、书名、出版者等。实例分析可以帮助编目员理解这些字段之间的逻辑联系，使其在编目时能够更准确地判断信息的关联性，保证整体著录的合理性。

逻辑思维的培养还包括确保著录信息的内在一致性。实例分析通过对不同文献的比较研究，引导编目员在处理相似情境时保持信息的一致性，避免出现矛盾或不完整的情况。逻辑思维的培养使编目员在处理复杂情况时能够思路清晰，确保著录信息的准确性和稳定性。

2. 处理特殊情况的技巧

在实例分析中，处理特殊情况是编目员需要具备的关键技能之一。这一方面要求编目员在处理实例时，能够灵活运用规则，同时保持整体著录的一致性。以下是实例分析中处理特殊情况的技巧：

深入理解规则的原则。编目员需要对编目规则有深刻的理解，包括规则的逻辑结构、基本原则和各个字段的著录要求。通过对规则的全面把握，编目员可以在处理特殊情况时准确判断何时可以灵活运用规则，何时需要进行例外处理。

辨别何为特殊情况。实例分析中，编目员需要具备辨别何为特殊情况的能力。这可能涉及某一文献类型的特殊要求、特殊作者的姓名格式等。通过对特殊情况的准确定义，编目员可以更好地应对不同的实际情境。

灵活运用规则。处理特殊情况时，编目员需要在遵循规则的基础上保持一定的灵活性。有些特殊情况可能无法完全契合规则，此时编目员需要在确保整体逻辑性的前提下，通过灵活运用规则来处理这些情况。

保持一致性。处理特殊情况时，保持著录信息的一致性至关重要。编目员在进行例外处理时，需要注意不要破坏整体的规范性和一致性，确保特殊情况的处理不影响整体编目的质量。

（二）信息的一致性

实例分析中，保持著录信息的一致性是至关重要的。信息一致性涉及各字段之间的关联，包括作者与题名、出版者与出版地等之间的逻辑关系。编目员在实例分析中需要注意信息的完整性，避免出现信息矛盾或不完整的情况。通过实例分析，编目员能够更好地理解信息的逻辑关系，提高著录信息的一致性。

1. 逻辑关系的维护

在实例分析中，维护逻辑关系是编目员需要重点关注的方面之一。逻辑关系的维护涉及不同字段之间的一致性，特别是在记录责任者信息时需要与其他字段如题名等保持逻辑关系，以确保整体著录信息的一致性。以下是实例分析中维护逻辑关系的重要性以及相关技巧：

理解字段之间的逻辑关系。编目员需要深入理解不同字段之间的逻辑关系，明确它们在著录信息中的相互影响。例如，在记录责任者信息时，责任者的姓名格式和顺序需要与其他字段协调一致，以避免逻辑上的冲突。实例分析通过具体案例的呈现，帮助编目员理解不同字段之间的关联性和相互影响。

保持逻辑一致性。在实际编目中，维护逻辑关系意味着保持著录信息的一致性。例如，如果责任者的姓名在责任者字段中进行了特殊处理，那么在其他字段如题名中也需要相应地进行调整，以保持整体逻辑的一致性。实例分析提供了实际案例，帮助编目员更好地理解何时需要调整信息，何时需要保持一致性。

协调处理不同情况。在实例分析中，编目员可能会遇到不同类型的文献，涉及不同的责任者情况。对于这些不同情况，编目员需要协调处理，确保逻辑关系在各种情境下都能得到有效维护。实例分析通过展示不同类型文献的处理方式，帮助编目员形成对多样情境的逻辑处理能力。

通过实例分析学习技巧。实例分析不仅提供了理论知识，还强调了实际应用中的技巧。编目员可以通过实例学到如何灵活运用规则，何时需要调整信息，以及如何保持逻辑一致性。这些技巧是在处理逻辑关系时的宝贵经验，有助于提高编目员的实际操作水平。

2.数据校对的重要性

数据校对在文献编目领域中具有至关重要的意义，而实例分析通过具体案例的呈现，强调了数据校对的重要性。

确保信息的准确性。数据校对是检查和验证著录信息的过程，有助于发现可能存在的错误或不一致之处。通过实例分析展示可能出现的信息错误或矛盾，提醒编目员注意信息的准确性。在实践中，确保著录信息的准确性是保证文献记录质量的基础，有助于提高整个编目系统的可信度。

保障信息的一致性。数据校对有助于确保著录信息在不同字段之间保持逻辑关系，避免出现信息不一致或冲突的情况。通过实例分析中的案例，编目员能够学到如何在数据校对过程中检查信息的一致性，使得整体著录信息更加协调和统一。

提高编目效率。数据校对是在编目过程中的一种质量控制手段，通过在实例中展示可能出现的问题，帮助编目员识别并纠正错误。通过实例学到如何进行有效的数据校对，可以减少错误的发生，提高编目效率，降低后续修订的工作量。

数据校对还有助于培养编目员的专业素养。通过实例分析，编目员能够在实践中学到如何审慎地检查信息，提高对规范和标准的敏感性。这有助于培养编目员对文献内容和著录要求的深刻理解，使其具备更高水平的专业素养。

实例分析通过呈现具体案例，强调了数据校对在文献编目中的不可或缺的地位。确保信息准确性、保障信息一致性、提高编目效率以及培养专业素养是数据校对所带来的全面益处。

（三）注意规则更新

规则和标准会随着时间不断更新，因此，编目员在实例分析中需要时刻关注最新的规则和解释。实例分析不仅帮助编目员熟练运用当前的规则，还能引导他们关注规则的演变。在实例分析中，可以通过对历史实例和当前规则的对比，让编目员认识到规则的变更，提醒他们及时更新自己的编目知识。

1.规则变更的及时通知

实例分析在规则变更及时通知方面发挥着关键的作用。通过对规则演变的深入研究，实例分析能够提醒编目员时刻关注规则的更新，保持对标准与规范的最新认知。

规则的动态性。文献编目的规则随着时间和领域的发展会不断演进和变更。新的文献类型、著录方式、标准格式的引入都可能导致规则的变更。实例分析通过历史案例和规则变更的对比，向编目员展示规则是一个动态的体系，不断适应着信息资源环境的变化。这种认知有助于编目员形成对规则的敏感性，时刻保持对规则动态性的认知。

主动学习的习惯。实例分析通过引导编目员关注规则的更新，促使其养成主动学习的习惯。编目员需要主动关注标准机构发布的最新规则和解释，及时获取最新信息。实例分析中可以通过案例展示规则变更对著录实践的影响，激发编目员的求知欲，使其乐于主动学习，不断提升自己的著录水平。

保证编目工作的符合性。规则的更新通知是确保编目工作符合当前标准与规范的重要手段。通过实例分析，编目员能够了解到曾经的规则版本与当前版本的差异，避免因未及时更新而产生的错误或偏差。这有助于提高编目的准确性和一致性，保证著录信息符合最新的规范要求。

规则变更的对比分析。实例分析可以通过对比历史案例和规则变更的内容，帮助编目员深入理解规则的本质和变更的原因。这种深入理解有助于编目员更好地应对规则的变更，形成对规范和标准的深刻理解，提高其在实践中的应变能力。

2.规则解读的深入理解

在实例分析中，对规则进行深入理解不仅仅是熟悉规则文字，更包括理解规则背后的原则和动机。这种深刻理解是编目员更好地适应规则变更的关键，使其能够超越简单的规则套用，更具有灵活性和适应性。

规则的本质原则。实例分析通过具体案例的呈现，帮助编目员理解规则的本质原则。规则并非孤立存在，而是给予一定的理论和著录原则制定的。通过实例分析，编目员能够看到规则背后的逻辑和原则，深刻理解规则为何这样设计，达到何种目的。这种本质原则的理解有助于编目员更好地理解规则的灵活性和可操作性，超越简单的规则表面理解。

规则变更的动机和目的。实例分析通过对比规则变更前后的案例，揭示规则变更的动机和目的。规则的变更通常是为了适应信息资源环境的变化、提高著录效率、保障著录信息的准确性等方面的需求。通过实例分析，编目员能够了解规则更新的背景和目标，从而更好地理解规则的变更是为了解决什么问题，以及如何更好地适应未来的发展。

规则解读的实际操作。实例分析通过呈现实际操作中的案例，帮助编目员将理论规则与实际操作相结合。这种实际操作的规则解读有助于编目员更好地应对各种情境，理解规则的适用范围和变通情况。实例分析中的具体案例可以模拟编目工作中可能遇到的情境，使编目员在实际操作中更加得心应手。

规则解读的组织化和系统化。实例分析不仅仅是单一案例的呈现，更可以通过组织化和系统化的方式呈现一系列相关案例，帮助编目员建立起对规则的整体理解框架。这种框架有助于编目员更好地掌握规则的全貌，理解规则之间的内在联系，形成对整个著录体系的系统认知。

三、数字文献资源库编目与实践案例

随着图书馆网络服务体系的逐步完善，图书馆数字资源保障作用愈加凸显，亟需采购符合图书馆馆藏建设的完整、专业、权威的数字文献资源，且对数字文献资源的数量和质量要求日益提高；然而面对数量繁多、类型复杂的数字文献资源产品，世界范围内尚无相应工具书或目录可以帮助图书馆快速查找所需资源。如何在众多的数字文献资源产品中快速检索、定位到图书馆及读者均需的数字文献资源是长期困扰图书馆采购馆员的问题，也是制约数字图书馆发展的主要问题之一。

同时，图书馆采购数字资源多依靠数字资源供应商提供相应产品信息，缺少权威机构提供类似于纸本资源采购目录的工具书，图书馆难以在短时间内准确判断数字文献资源的价值，而资源供应商对图书馆需求不了解亦造成销售效果不佳的局面。正是由于当前数字文献资源模式的限制，在数字文献资源采购过程中存在较为严重的不对称问题，大大降低了图书馆数字文献资源采购质量和效率。

（一）数字文献资源库编目研究与实践现状

数字文献资源是以数字形式发布、存取和利用的信息资源，包括电子图书、电子期刊、资源网站、检索工具以及多媒体资源等。对这些资源进行有效的编目是数字图书馆和图书馆学界面临的重要任务之一。

1.数字文献资源编目对象的研究

（1）编目对象的多样性

数字文献资源的种类繁多，涉及不同载体、内容形式和创作者。学者们对于不同种类资源的编目对象进行了深入研究。赵琨提出了从编目深度、一线沟通、软硬件建设和读者培训四个方面完善中文实体电子资源编目工作的观点。这为数字图书馆提供了全面的编目工作指导。

（2）著录规则的差异

由于数字文献资源的多样性，学者们对不同种类资源的著录规则进行了深入研究。郑雯译和丁育明分析了图书馆网络资源与网盘资源的编目要点，为相关领域提供了实用性的著录指南。李硕对计量政务资源进行编目，并提出了解决计量业务的政务资源编目问题的对策。这些研究丰富了数字文献资源编目的理论体系。

（3）利用 RDA 编目规则

杨旭闽指出利用 RDA 编目规则能揭示声音、视频等载体、创作者、内容形式等方面的内在关系。这种基于 RDA 编目规则的方法不仅提高了编目的精确性，还为数字文献资源的整合和检索提供了有力支持。

2.数字文献资源编目方式的研究

（1）OCLC 的实践与项目

自 1991 年起，OCLC 通过多个项目如 Internet Resources Project、Inter Cat 等，推动了数字文献资源编目方式的实践与研究。1995 年，OCLC 和 NCSA 对传统机读目录格式进行调整改进，创造了具有简单性、语义相互操作性、国际共识性、可扩展性的编目格式——DC（Dubline Core）。其中 CORC 更是实现了 MARC 和 DC 两种格式的转换，为数字文献资源的编目方式带来了革新。

（2）中国的数字文献资源编目

我国编目界同样重视数字文献资源编目，例如，《中国文献编目规则（第二版）》和《国际标准书目著录（统一版）》涉及电子资源著录部分。在此基础上，王景侠从"系统论"视角对资源编目体系的各个构成要素进行系统梳理和总结，为我国数字文献资源编目提供了理论支持。

（3）学术界的研究和实践

学术界也积极参与数字文献资源编目方式的研究。王亚林结合国外电子资源编目经验，从编目对象、编目级别、分散记录编目、批量编目与维护等方面制定电子资源编目策略。张明则利用《中图法》对数字文献资源进行编目，并设计出合理的编目流程，以提高资源利用效率。

（二）数字文献资源编目的一些实践应用

数字文献资源编目的实践应用在图书馆和信息机构中起着至关重要的作用。本文将深入研究数字文献资源编目的一些实践应用，结合不同机构的案例，探讨其在理论研究之外的实际应用价值。

1.哈佛大学图书馆的 MARC 编目实践

哈佛大学图书馆作为世界著名学术机构，在数字文献资源编目方面展现了深刻而全面的实践经验。其主要采用 MARC 格式对各类资源进行编目，包括书刊资源、非书刊实体资源、电子资源以及档案资料。这种全面性的编目工作不仅囊括了传统的纸质文献，更精准地关注和处理了电子资源的特殊性，为用户提供了更为全面和便捷的检索服务。

在哈佛大学图书馆的 MARC 编目实践中，对于书刊资源的编目是其中的重要一环。通过 MARC 格式，图书馆能够系统记录书刊的各项信息，包括但不限于题名、责任者、出版信息、主题分类等，为用户提供了精准的检索入口。这种方法在传统文献的编目中取得了显著成果，使得用户能够轻松地查找到所需信息，提升了图书馆资源的利用效率。

非书刊实体资源的编目同样得到了充分的重视。这类资源可能包括视觉资料、地理空间资源等多样性实体，其编目需要考虑不同于书刊的特殊信息元素。哈佛大学图书馆通过 MARC 格式的应用，能够在编目中更灵活地处理这些资源的信息，使得其能够与其他传统文献一起构建一个完整而有机的知识体系。

在数字时代，电子资源的编目成为图书馆不可或缺的任务。哈佛大学图书馆在这方面展现了卓越的实践经验。通过 MARC 格式，图书馆对电子资源进行系统性编目，包括对电子图书、电子期刊等的详细记录。这不仅有助于用户通过检索准确地获取到电子资源，还为数字化文献的长期保存和管理提供了可靠的数据基础。

除此之外，哈佛大学图书馆还将档案资料纳入编目的体系中。通过 MARC 格式，对档案资料进行全面而有序的著录，使得这些珍贵的文献资源能够被有效地管理和利用。这种做法为学者和研究者提供了丰富的历史文献资源，促进了学术研究的深入发展。

2.哈佛大学图书馆的非 MARC 元数据编目实践

哈佛大学图书馆在数字文献资源编目方面展示了创新的实践，除了传统的 MARC 格式，还引入了非 MARC 元数据，其中以 Olivia 编目系统为代表。这一灵活的编目方式为视觉资料和地理空间资源等特殊类型的文献带来了更为细致和多元的描述，使得图书馆的数字化藏品呈现出更加丰富和多样化的特色。

Olivia 编目系统作为非 MARC 元数据的应用工具，为哈佛大学图书馆提供了更灵活的编目环境。在对视觉资料的编目中，Olivia 系统通过非 MARC 元数据的方式，能够更全面地记录艺术品的作者、创作年代、材质、尺寸等方面的信息。这种细致入微的著录有助于用户深入了解和研究艺术品，提升了用户在数字文献资源检索中的体验和满意度。

地理空间资源的编目也得到了 Olivia 编目系统的有力支持。非 MARC 元数据的灵活性使得图书馆能够更全面地描述地理空间资源的相关信息，包括地理坐标、地名、地形特征等。这种编目方式有助于提高地理信息资源的发现性和利用价值，满足了用户对地理空间数据多样性的需求。

采用非 MARC 元数据进行编目的优势在于其灵活性和适应性。相较于传统的 MARC 格式，非 MARC 元数据更加注重资源的实际特征，不拘泥于固定的字段和标准，更容易适应各种文献形态和学科领域的需求。这种灵活性使得图书馆能够更好地适应数字时代文献多样性的挑战，更好地满足用户和研究者的不同需求。

这一非 MARC 元数据编目实践的经验为数字文献资源编目领域提供了有益的启示。它突显了在数字时代，对于不同类型资源采用灵活的编目方式更能够全面、深入地呈现其特点。未来的数字文献资源编目研究可借鉴这一实践，进一步拓展非 MARC 元数据的应用，推动数字文献资源编目体系的创新，以更好地服务用户和学术研究。

3. 上海交通大学图书馆的 Aleph 系统批量编目实践

哈佛大学图书馆在数字文献资源编目方面展示了创新的实践，除了传统的 MARC 格式，还引入了非 MARC 元数据，其中以 Olivia 编目系统为代表。这一灵活的编目方式为视觉资料和地理空间资源等特殊类型的文献带来了更为细致和多元的描述，使得图书馆的数字化藏品呈现出更加丰富和多样化的特色。

Olivia 编目系统作为非 MARC 元数据的应用工具，为哈佛大学图书馆提供了更灵活的编目环境。在对视觉资料的编目中，Olivia 系统通过非 MARC 元数据的方式，能够更全面地记录艺术品的作者、创作年代、材质、尺寸等方面的信息。这种细致入微的著录有助于用户深入了解和研究艺术品，提升了用户在数字文献资源检索中的体验和满足度。

地理空间资源的编目也得到了 Olivia 编目系统的有力支持。非 MARC 元数据的灵活性使得图书馆能够更全面地描述地理空间资源的相关信息，包括地理坐标、地名、地形特征等。这种编目方式有助于提高地理信息资源的发现性和利用价值，满足了用户对地理空间数据多样性的需求。

采用非 MARC 元数据进行编目的优势在于其灵活性和适应性。相较于传统的

MARC格式，非MARC元数据更加注重资源的实际特征，不拘泥于固定的字段和标准，更容易适应各种文献形态和学科领域的需求。这种灵活性使得图书馆能够更好地适应数字时代文献多样性的挑战，更好地满足用户和研究者的不同需求。

4.北京大学图书馆的电子资源编目实践

北京大学图书馆在电子资源编目方面展现了深刻的实践经验。通过广泛调研并结合馆藏实际，该图书馆明晰了电子资源编目的对象，将焦点集中于学术性电子图书和电子期刊，并同时实现了对实体资源的完全级编目。这一实践严谨而高效，为数字文献资源编目的范围和深度明确规定了方向，凸显了其对于图书馆服务和学术研究的重要意义。

在电子资源编目的范畴明确方面，北京大学图书馆通过广泛的调研工作，深入了解用户需求和学术研究的趋势，从而精准地确定了电子资源编目的对象。通过将重点放在学术性电子图书和电子期刊上，图书馆更好地满足了用户对学术信息获取的核心需求，使编目工作更有实际意义。

在电子资源编目的实际操作上，北京大学图书馆的实践不仅仅停留在数字化文献的表面著录，更实现了对实体资源的完全级编目。这种全面的编目工作包括对实体资源的深入描述和记录，为图书馆的数字化和实体资源提供了高水平的著录质量。这一举措有助于构建更为全面、一体化的文献资源管理系统，提高了图书馆藏品的整体质量。

这一实践对数字文献资源编目的范围和深度进行了有效的规定。首先，通过限定编目对象，图书馆更加聚焦于满足用户核心需求，确保编目工作具有实际意义。其次，实现对实体资源的完全级编目，不仅拓展了编目的深度，也强调了数字化和实体资源间的有机连接。这种有针对性和高效性的实践为其他图书馆提供了有益的经验，尤其是在数字时代如何更好地应对不同类型资源的编目挑战方面。

北京大学图书馆在电子资源编目实践中的经验为数字文献资源编目领域提供了有益的参考。其明晰的编目对象、全面的编目工作和对实体资源的充分关注为图书馆服务和学术研究提供了有力的支持。这一实践不仅对于图书馆内部的资源管理具有重要启示，同时对于整个数字文献资源编目体系的不断优化和发展也具有积极的促进作用。

（三）数字文献资源库编别的目的与意义

1.揭示海量数字文献资源产品信息

数字文献资源库作为图书馆数字化服务的核心，对揭示海量数字文献资源产品信息起到了至关重要的作用。数字文献资源在图书馆中扮演着重要的角色，成为信息产业发展的基础，也是图书馆实现现代化、数字化、智能化服务的关键手段。在这一背景下，编目工作通过对数字文献资源库的深入处理，有助于解决数字资源供应商提供信息的质量参差不齐的问题，实现对数字文献资源的统一标准揭示，从而推动数字文献资源的长效利用。

数字资源供应商提供的信息质量差异是数字文献资源管理中一个常见的挑战。由于不同供应商对资源信息的描述标准和方式不一致，数字文献资源的信息存在冗余和缺失的情况。编目工作以数字文献资源库为核心，通过技术手段对数字文献资源进行深层次、统一标准的揭示。这一过程中，采用先进的技术手段对元数据进行规范化处理，以确保信息的一致性和可比性。通过统一的编目标准，揭示数字文献资源的各种属性，包括但不限于资源的作者、主题、关键词、出版信息等，从而提高资源的可检索性和可用性。

这样的编目工作不仅仅为图书馆用户提供了更准确、全面的信息服务，也为图书馆更有效地管理和利用数字文献资源打下了基础。对用户而言，统一标准的数字文献资源编目使其能够更方便、快速地检索到所需信息，提高了用户满意度和使用体验。对图书馆而言，通过规范的编目工作，数字文献资源的管理变得更为有序和高效。图书馆可以更好地了解自身馆藏，快速进行资源评估，为资源的长期保存和更新提供基础。

2.促进图书馆数字文献资源采购模式的变革

数字文献资源库编目工作在促进图书馆数字文献资源采购模式的变革方面发挥着至关重要的作用。这种变革不仅仅是从采购手段的角度考虑，更是对数字资源管理和服务模式的一次深刻优化。通过统一标准的编目方式，数字文献资源库为图书馆提供了有效的手段，推动了数字文献资源采购模式的演进，从而提高了采购的效率和质量。

数字文献资源库编目为图书馆提供了按照统一标准进行资源著录的工具。这种编目方式不仅能够确保数字资源的准确描述，还有助于进行资源的全面评估。采用统一标准的编目，使得数字文献资源在信息上更具一致性和可比性，有效解决了数字文献资源采购中信息不对称的问题。图书馆可以通过对资源的详尽描述，更好地了解资源的质量和内容，从而在采购决策中做出更明智的选择。

形成的类似于工具书的编目工作，使得图书馆能够更主动地选择符合学科建设目标的数字资源产品。通过对数字文献资源的深入编目，图书馆可以更加精确地了解资源的特点、适用领域和质量水平。这使得馆员能够更灵活地根据用户需求和学科发展的需要进行数字资源采购，促进了数字资源采购模式的变革。图书馆能够更灵敏地应对学科发展的变化，更有针对性地满足用户需求，提高数字资源采购的灵活性和适应性。

数字资源采购模式的变革不仅在采购效率上有所提高，更在采购质量上实现了一定的飞跃。通过统一标准的编目，图书馆能够更客观地对比不同供应商提供的同类资源，从而做出更为理性和科学的采购决策。这有助于提高图书馆数字资源采购的质量水平，为用户提供更为精准、高质的数字资源服务。

数字文献资源库编目工作的推进为图书馆数字文献资源采购模式的变革提供了新的路径。通过编目的规范和统一，图书馆能够更好地管理和利用数字资源，实现采购决策的科学化和精准化，为数字时代图书馆的可持续发展注入新的活力。

3.实现数字文献资源库标准化、规范化管理

数字文献资源库编目的一个重要目标是推动数字资源的标准化管理，为此，通过对数字文献资源进行统一的文献著录项目，可以制定标准化的编码和管理措施，从而提高数字资源管理的效率和秩序。这一标准化管理的实现不仅有助于解决数字资源管理中的一系列问题，还对数字文献资源的长期保存和有序开发具有深远的意义。

标准化的数字文献资源库编目首先体现在统一的文献著录项目上。通过制定统一的文献著录项目，可以确保数字文献资源的基本元数据得到一致和准确的描述，包括但不限于资源的作者、标题、出版信息、主题关键词等。这种一致性地描述使得数字资源的管理更加规范，便于资源的检索和利用。标准的文献著录项目也为数字文献资源的进一步研究和开发提供了可靠的基础。

此外，标准化的数字文献资源库编目也体现在编码和管理措施的制定上。通过统一的编码和管理措施，可以实现数字资源的标准化存储和检索。这种标准化的管理使得数字资源在整个生命周期内都能够得到有效的管理和维护。例如，采用统一的编码规范有助于资源的唯一标识，提高了资源的可识别性和可管理性。而标准的管理措施则有助于建立数字资源的分类体系和组织结构，解决数字资源管理中存在的分类标准不一、归类模糊等问题。

标准化的管理对于数字文献资源的长期保存至关重要。数字资源的长期保存涉及数据的完整性、可读性和可访问性等方面，而这些要素都需要在标准化的管理下得到有效的保障。通过标准化的编目工作，数字文献资源的信息得到了更为

精确和系统的记录，使得资源在长期保存中能够得到更好的保护。标准化的管理也为数字文献资源的有序开发提供了有力的支持，使得图书馆能够更好地组织和利用数字资源，满足用户日益增长的信息需求。

4.完善数字目录学的理论与实践探索

数字文献资源库编目工作为数字目录学的理论与实践提供了崭新的视角和丰富的内容。传统目录学主要以纸质文献为研究对象，然而，在数字化环境下，数字资源成为数字目录学研究的重要课题。数字文献资源的广泛存在和多样化特点推动了数字目录学的发展，并为其研究提供了全新的范畴和方法。

数字文献资源库编目工作拓展了数字目录学的研究内容。数字目录学作为一门独立的学科，其研究对象从传统的纸质文献逐渐扩展到数字文献资源。这一拓展使得数字目录学更好地适应了数字化信息环境的需求，更全面地反映了信息组织与检索的现代化要求。数字文献资源的复杂性和多样性为数字目录学提供了更为丰富和具体的研究对象，使其研究内容更加贴近当代图书馆和信息服务的实际需求。

数字文献资源库编目工作推动了数字目录学的研究方法的创新。在数字文献资源编目过程中，涉及大规模数据的处理、元数据的规范化以及多源信息的整合等方面的挑战，这促使数字目录学研究者更加注重信息组织和检索的技术性问题。数字目录学的研究方法逐渐倾向于信息技术、计算机科学等领域，为数字文献资源的高效管理和利用提供了有力的技术支持。

数字资源的利用与开发成为数字目录学亟待解决的问题。数字文献资源库编目为数字目录学研究提供了一种面向实际应用的切入点。通过对数字文献资源进行深入地编目，数字目录学既可以更好地了解数字资源的特点和内在关系，也为数字资源的利用和开发提供了基础。数字目录学研究者需要关注数字资源的检索、推荐系统、知识图谱等方面的问题，以满足用户对数字信息的个性化、精准化需求，进一步推动数字目录学向着更为实践和应用的方向发展。[17]P18-22.

数字文献资源库编目工作对数字目录学的理论与实践探索产生了积极的影响。通过扩展研究内容、创新研究方法、关注实际应用，数字目录学得以更好地适应数字时代的发展需求，为数字化信息环境下的信息组织和检索问题提供了更为系统和全面的解决方案。这一理论与实践的探索不仅为学术界提供了新的研究方向，也为图书馆和信息服务机构提供了更为有效的数字化管理和服务手段。[18] 26-27.

（三）数字文献资源库编目流程

为进一步解决上述问题，揭示数字文献资源库信息，实现有效管理，项目组开展数字文献资源库编目工作，并制定相应的编目流程。

1.统一数字文献资源库表征元素及内容标准

统一数字文献资源库的表征元素及内容标准是数字文献资源编目工作的重要环节，与传统图书编目或数字资源编目有所不同。这一过程不仅包括了对数字文献资源的资源加工、资源描述、资源组织、资源互操作和资源服务等方面的揭示，还应考虑到资源的评估和用户需求等因素。因此，首先需要制定数字文献表征的内容，涵盖资源的类型、容量等方面，并确定元素揭示标准、必备字段、描述规范等，以便科学描述和规范管理数字文献资源库，为其有效运行奠定基础。

在制定数字文献资源库的表征元素及内容标准时，首要考虑的是资源的类型。数字文献资源的种类繁多，包括但不限于电子图书、电子期刊、多媒体资源等，因此需要制定清晰的分类体系，确保每种类型资源都能够被明确定义和揭示。这包括对不同资源类型的特殊元素和描述规范的制定，以确保其在数字文献资源库中能够得到准确而全面的表达。

其次，需要确定资源容量等基本信息的揭示标准。资源容量直接关系到数字文献资源库的存储和检索效率，因此需要确立统一的标准，例如以字节数、兆字节或其他单位表示，以满足用户在检索和浏览时对资源容量信息的需求。

在元素揭示标准方面，需要确定哪些元素是必备的，以便对不同类型的资源进行一致的描述。这可能包括资源的作者、标题、出版信息、关键词等元素，确保资源的基本信息能够得到充分的呈现。

描述规范是数字文献资源库编目工作中的关键一环。它要求对每个元素进行明确而一致的描述，以确保数字文献资源的信息质量和可读性。例如，在描述作者时，可以明确规定是否包括作者的生卒年月等详细信息，以及这些信息的格式和位置。

最后，数字文献资源库的表征元素及内容标准应当考虑到资源的评估和用户需求。评估元素可以包括资源的质量、可用性等方面的信息，而用户需求则需要在元素揭示和描述规范中充分考虑，以便为用户提供更为个性化和准确的检索服务。

2.收集、整理数字文献资源库信息

为了有效地收集和整理数字文献资源库的信息，项目组采用了一系列系统而科学的方法。首先，在统一标准的基础上，项目组设计了《数字文献资源库基本信息表》。该信息表的制定旨在确保对数字文献资源的各个方面都能够进行一致、全面的描述，为后续信息收集提供了清晰的框架和标准。

其次，项目组与数字资源供应商展开密切合作，通过这一渠道，成功收集了大量现有的、最新的国内外数字出版与数字资源产品信息。这一合作不仅有助于获取最新的数字资源产品信息，还能够确保这些信息符合统一标准，从而提高信息的质量和可比性。

同时，项目组借助 DRAA（Digital Resource Acquisition Alliance，数字资源采购联盟）的平台，积极采集用户数据。通过电话、QQ、走访等多种途径，项目组主动收集用户对于数据库使用的评价。这种用户反馈的收集方法不仅帮助项目组更深入地了解用户对数字文献资源的需求和评价，也为数字资源的选择和优化提供了重要的参考。

通过上述方法，项目组成功获得了较为完整详实的数字文献资源库信息。这包括了数字资源的基本元素内容，如作者、标题、出版信息等，同时也涵盖了用户的评价和反馈。这样丰富的信息使得图书馆能够更全面地了解数字文献资源库的状况，为数字资源的管理和服务提供了有力的依据。

最终，项目组将这些信息整理成了数字文献资源产品目录。这一目录为图书馆提供了便捷的数字资源查询和利用途径。同时，数字资源的表征和评价也为图书馆未来的数字化建设提供了宝贵的经验和参考。通过这一信息收集和整理的过程，项目组不仅为图书馆提供了有效的管理工具，也为数字文献资源库的运营和发展提供了实质性的支持。

3. 编制数字文献资源库的标准编码

为了有效管理、快速检索和定位数字文献资源库，确保其在信息发展和变化中不会丢失或遗漏，以及更科学地管理数字文献资源库，制定和使用数字文献资源库编码是至关重要的。这样的编码系统可以为每个数据库分配唯一的标识符，使得每个数字文献资源库都具有独特的"身份"信息。

数字文献资源库编码的编制需要经过一系列科学而系统的步骤。首先，需要确定编码的目标和范围，明确编码所要覆盖的对象，包括数字文献资源库的种类、类型、内容等。其次，要制定编码的规则和原则，确保编码系统的一致性、可操作性和易于维护。这可能涉及编码的长度、字符集、命名规范等方面的考虑。

在确定了编码的目标和规则后，接下来就是为每个数字文献资源库分配唯一的编码。这个过程可能包括了对数字文献资源库的详细调查和分析，以确保每个资源库都能够被正确的识别和标识。这个编码应当具有足够的信息量，能够反映出数字文献资源库的关键属性，例如出版机构、主题领域、所属学科等。

编码的最后一步是制定相应的管理和维护机制。这包括了新数字文献资源库的加入、老资源库的变更以及编码系统的更新等方面。制定合理的管理机制可以确保编码系统的长期稳定和可用性。

数字文献资源库编码的制定和使用对于图书馆和文献信息机构具有重要的学术价值。它不仅可以提高数字文献资源库的管理效率，还有助于推动数字资源的整合和互联互通。这为数字文献资源库的发展和利用提供了更为可靠和便捷的基础。

4.制定数字文献资源库编目方法

一旦数字文献资源库编码制定完成，接下来的关键步骤是设计和实施相应的编目方法，以确保数字文献资源库能够被有序地组织、管理和检索。编目方法的设计不仅关系到数字文献资源库的内部运作，还直接影响到用户的检索体验和馆员的管理效率。

首先，需要明确数字文献资源库编目的目标。编目的目标主要包括方便用户检索、提高管理效率、支持资源的有序组织等。这就要求编目方法需要兼顾资源的各种属性，如主题、作者、出版商、出版时间、资源类型等，确保用户能够通过不同的检索路径找到需要的数字文献资源。

其次，要设计编目的元数据模型。元数据模型是编目方法的核心，它规定了编目记录中包含哪些元素、元素的数据类型、元素之间的关系等。通过制定一套统一的元数据模型，可以确保不同馆员在编目时都遵循相同的规范，提高编目的一致性和可比性。

接着，需要建立编目的规则和标准。编目规则包括了具体的编目步骤、编目要求、编目格式等，而编目标准则规定了如何处理一些特殊情况、如何进行标点符号的使用等。这些规则和标准的建立有助于保持编目的规范性和准确性。

然后，要考虑编目的工具和系统。数字文献资源库的规模庞大，采用合适的编目工具和系统可以大大提高编目的效率。这可能涉及数字化图书馆管理系统、编目软件等工具的选择和配置。

最后，需要实施培训和监督。为了确保编目工作的质量，必须对馆员进行相关的培训，使其熟悉编目方法、规则和工具。同时，需要建立一套监督机制，及时发现和纠正编目中的错误，保证数字文献资源库的编目工作一直保持高水平。

（四）数字文献资源库编目应用实践

1.数字文献资源库表征元素内容标准及描述规范

（1）制定表征元素及内容标准

通过深入的调查和研究，结合数字文献资源库的独特特点以及 DC 编目格式对网络资源与数字化资源的著录要求，项目组成功制定了数字文献资源库表征元素及内容标准。这包括了元素揭示标准、必备字段、描述规范等，为科学描述、规范管理数字文献资源库奠定了坚实基础。

（2）元数据模型的考虑

在表征元素内容标准的制定中，着重考虑了元数据模型，以确保编目记录中包含了必要的元素，包括主题、作者、出版商、出版时间、资源类型等。这有助于提高用户的检索体验，确保用户能够通过不同的检索路径找到所需的数字文献资源。

（3）特殊情况的处理

在规定描述规范时，项目组充分考虑了数字资源供应商提供的信息质量不一的情况。通过设立描述资源销售状况的要素，项目组使得数字文献资源库的编目工作更全面、更具有实际应用性。

（4）评价的综合考虑

项目组在规定评价标准时，不仅考虑了数字资源的内容评价，包括真实性、权威性、准确性等，还综合考虑了设计评价、检索评价、可获得性评价以及成本效益评价等多个方面。这有助于数字文献资源库进行全面、多维度的评估。

2.数字文献资源库信息收集、整理与编排

（1）广泛的信息收集

项目组通过广泛地调研和收集工作，成功获取了国内外超过 600 个数字文献资源库的信息，包括期刊、图书、学位论文、会议论文、专利、标准等多种类型。这为数字文献资源库的编目提供了丰富的数据基础。

（2）严格的数据核对与清洗

在获取信息后，项目组进行了详细的核对、清洗、整理与筛选工作，最终获得近 530 条高质量的数据。这包括了来自不同国家的数字文献资源库，通过严格的数据清洗，确保了数字文献资源库信息的准确性和可靠性。

（3）编制唯一标识编码

为了唯一标识数字文献资源库，项目组设计了包括主码和副码在内的7位编码系统。主码揭示了数字文献资源库的平台语种，而副码则按照数据库商及数据库全称或约定俗成的简称进行字顺排序。这一编码系统为数字文献资源库的唯一标识提供了强有力的支持。

（4）构建信息仓储和索引系统

为了更好地管理数字文献资源库的信息，项目组构建了元数据仓储和供应信息仓储。这有助于规范数字文献资源采购流程，提供数据支持，提高图书馆数字资源采购的质量。

3.规范化数字文献资源采购流程

（1）制定科学的数字文献资源采购流程

在数字文献资源库编目的基础上，项目组提出并规划了更为科学的数字文献资源采购流程。通过储存数字文献资源属性数据的元数据仓储和供应信息仓储，实现了数字文献资源的规范化管理，提高了数字资源采购的效率。

（2）数据支持决策

利用仓储信息，图书馆能够更好地支持采购决策。数字文献资源库的编目工作为图书馆提供了关键数据，包括数据库的数据库编码、数据库商信息、数据库名称等，为图书馆提供数字文献资源的全面信息。

4.文献资源推介服务

（1）精准推送服务

数字文献资源库编目工作的主要目的之一是提升图书馆对数字文献资源的精准采购能力。通过详细的编目记录，项目组能够快速、充分地揭示数字文献资源库的信息，帮助图书馆深入挖掘数字文献资源的价值。这有助于将数字文献资源精准推送给用户，提高了图书馆的服务水平。

（2）学科导向的推介

以重庆大学图书馆为例，通过对数字文献资源库的深入了解，图书馆能够支持学科建设，构建学院专属的数字图书馆。通过向学院读者推送相关期刊信息，同时重点推荐与该学院学科发展密切相关的数据库信息，图书馆实现了更为精准的数字文献资源推介服务。

（3）数据库目录的构建

通过数字文献资源库的编目，可以构建类似于"数据库的数据库"的目录系统。这不仅有利于数字资源的表征和数据资源的评估，也在一定程度上解决了数字文献资源采购中信息不对称的问题。同时，这也是图书馆目录学由传统向数字目录学转变的重要一步，为整体思维的变化提供了支持。

（4）数字文献资源精准采购的提升

数字文献资源库编目的过程不仅仅是为了提供推介服务，更是为了提升图书馆数字资源的精准采购水平。通过规范化的编目，图书馆能够更主动地选择符合学科建设目标的数字资源产品，有力促进了数字资源采购模式的变革，提高了采购效率和质量。

（5）数字目录学的拓展

数字文献资源库编目是对传统目录学的有效拓展。在数字化环境下，数字资源成为数字目录学研究的重要对象，而数字文献资源的编目工作推动了数字目录学的发展。这不仅是编目环境和编目思维的变化，更是整体思维的变化，有助于数字目录学向前发展，加速传统目录学向数字目录学的过渡。

参考文献

[1] 曾伟忠，刘琼琼，洪芳林，等.《中国文献编目规则（第二版）》电子资源与ISBD（ER）、ISBD（统一版）著录方式的比较[J].图书馆理论与实践，2019（6）：71-73，79.

[2] 王景侠.21世纪图书馆资源编目体系研究[J].数字图书馆论坛，2018（1）：17-23.

[3] 俞德凤.哈佛大学图书馆信息资源编目[J].图书馆建设，2010（9）：49-51.

[4] 王亚林.电子资源的编目策略[J].图书馆建设，2012（2）：47-49，53.

[5] 康微.网络博客学术资源编目疑难问题及其分析[J].图书馆杂志，2011，30（7）：27-30.

[6] 张轶华，曲建峰，李芳.Aleph系统批量编目功能的研究与实践[J].图书馆杂志，2015，34（1）：66-72.

[7] 张明.利用《中图法》对数字资源进行编目[J].中华医学图书情报杂志，2006（5）：44-45.

[8] 杜芸，谷松，陈学清，等.网络信息资源编目与传统文献编目的比较研究[J].图书馆理论与实践，2007（6）：33-35.

[9] 朱芊.从标引及检索的角度试论书目数据库编目软件的功能[J].国家图书馆学刊，2000（4）：61-64.

[10] 李雅清.探讨CNMARC格式中200字段题名的规范著录[J].卷宗，2016（4）：278-279.

[11] 王英，杨新涯.面向扁平化服务的数字资源标准化管理体系建设——以重庆大学图书馆为例[J].图书情报工作，2019，63（15）：121-126.

[12] 吴汉华，王波.2018年中国高校图书馆基本统计数据分析[J].大学图书馆学报，2019，37（6）：44-50.

[13] 柳丽花.网络资源编目对象的选择标准与所面临的问题[J].图书馆建设，2009（8）：38-39，45.

[14] 许磊.网络资源编目现状分析 [J].情报科学，2003（4）：391-394.

[15] 赵琨.中文实体电子资源编目现状调查与对策研究 [J].图书馆学刊，2014，36（12）：32-35.

[16] 郑永田.2000 年以来我国目录学研究综述 [J].图书馆杂志，2008（1）：2-7.

[17] 柯平.数字目录学——当代目录学的发展方向 [J].图书情报知识，2005（3）：18-22.

[18] 刘波，张妍妍.关于数字目录学研究内容的思考 [J].图书馆学刊，2008（6）：26-27.

[19] 王英，杨新涯.信息仓储建设的数字资源采购规范化流程研究及 ERMS 系统开发 [J].图书情报工作，2020，64（12）：67-74.

[20] 张新民.试论"数字目录学"称谓的科学性 [J].农业图书情报学刊，2010，22（12）：226-228.